CAMBRIDGE LIBRARY COLLECTION

Books of enduring scholarly value

Printing and Publishing History

The interface between authors and their readers is a fascinating subject in its own right, revealing a great deal about social attitudes, technological progress, aesthetic values, fashionable interests, political positions, economic constraints, and individual personalities. This part of the Cambridge Library Collection reissues classic studies in the area of printing and publishing history that shed light on developments in typography and book design, printing and binding, the rise and fall of publishing houses and periodicals, and the roles of authors and illustrators. It documents the ebb and flow of the book trade supplying a wide range of customers with products from almanacs to novels, bibles to erotica, and poetry to statistics.

Étude sur le Libraire Parisien du XIIIe au XVe Siècle

The French bookseller, publisher and printer Paul Delalain (1840–1924) was the author of several studies on the history of the book and of the printing press, including *L'imprimerie et la librairie à Paris de 1789 à 1813* (1899), and *Les libraires et imprimeurs de l'Académie française de 1634 à 1793* (1907). First published in 1891, this book contains the French translation of Volumes 1 and 2 of the Latin *Chartularium Universitatis Parisiensis*. These records of statutes and regulations, originating from the University of Paris between 1200–86 and 1286–1350 respectively, detail the conditions under which booksellers and stationers were allowed to practise their trade, and give intriguing glimpses of the people involved, including Englishmen and Scots. Delalain's introduction to these documents studies the status of Parisian booksellers in the thirteenth and fourteenth centuries, shedding light on such points as the difference between a *libraire* and a *stationnaire*.

T0351996

Cambridge University Press has long been a pioneer in the reissuing of out-of-print titles from its own backlist, producing digital reprints of books that are still sought after by scholars and students but could not be reprinted economically using traditional technology. The Cambridge Library Collection extends this activity to a wider range of books which are still of importance to researchers and professionals, either for the source material they contain, or as landmarks in the history of their academic discipline.

Drawing from the world-renowned collections in the Cambridge University Library and other partner libraries, and guided by the advice of experts in each subject area, Cambridge University Press is using state-of-the-art scanning machines in its own Printing House to capture the content of each book selected for inclusion. The files are processed to give a consistently clear, crisp image, and the books finished to the high quality standard for which the Press is recognised around the world. The latest print-on-demand technology ensures that the books will remain available indefinitely, and that orders for single or multiple copies can quickly be supplied.

The Cambridge Library Collection brings back to life books of enduring scholarly value (including out-of-copyright works originally issued by other publishers) across a wide range of disciplines in the humanities and social sciences and in science and technology.

Étude sur le Libraire Parisien du XIIIe au XVe Siècle

D'Après les Documents Publiés dans le Cartulaire de l'Université de Paris

PAUL DELALAIN

CAMBRIDGE UNIVERSITY PRESS

CAMBRIDGE UNIVERSITY PRESS

Cambridge, New York, Melbourne, Madrid, Cape Town,
Singapore, São Paolo, Delhi, Mexico City

Published in the United States of America by Cambridge University Press, New York

www.cambridge.org
Information on this title: www.cambridge.org/9781108044035

© in this compilation Cambridge University Press 2012

This edition first published 1891
This digitally printed version 2012

ISBN 978-1-108-04403-5 Paperback

P. DELALAIN

ÉTUDE

SUR

LE LIBRAIRE PARISIEN

DU XIIIᵉ AU XVᵉ SIÈCLE

ÉTUDE

SUR

LE LIBRAIRE PARISIEN

DU XIIIᴱ AU XVᴱ SIÈCLE

D'APRÈS LES DOCUMENTS PUBLIÉS

DANS LE

CARTULAIRE DE L'UNIVERSITÉ DE PARIS

Par PAUL DELALAIN

Ancien Secrétaire de la Chambre des Imprimeurs (1873 à 1875)
Ancien Président du Cercle de la Librairie,
de l'Imprimerie, de la Papeterie, etc. (1886 à 1889)

PARIS

TYPOGRAPHIE DE MM. DELALAIN FRÈRES

IMPRIMEURS DE L'UNIVERSITÉ

56, RUE DES ÉCOLES.

M D CCC LXXXXI

A M. GRÉARD

MEMBRE DE L'ACADÉMIE FRANÇAISE

VICE-RECTEUR DE L'ACADÉMIE DE PARIS

PRÉSIDENT DU CONSEIL GÉNÉRAL DES FACULTÉS

~~~~

Promoteur de la publication du CHARTULARIUM UNIVERSITATIS PARISIENSIS, dont l'impression, sur votre avis, a été confiée à notre Maison, vous m'avez fourni, Monsieur le Recteur, l'occasion de connaître, au cours des épreuves de cet important ouvrage, les documents relatifs aux rapports de l'Université de Paris avec les Stationnaires et les Libraires pendant les XIIIe et XIVe siècles.

Ce point d'histoire professionnelle a sollicité mon attention, et j'ai essayé de traduire ces documents, qu'il me semblait intéressant de mettre, par l'usage de la langue maternelle, à la portée d'un plus grand nombre de lecteurs.

Pour ce modeste travail, précédé d'une étude à laquelle je me suis trouvé entraîné, j'ai reçu les encouragements bienveillants des auteurs du Cartulaire; mais c'est à vous, Monsieur le Recteur, qu'il doit son origine; je vous prie d'en accepter le respectueux hommage.

PAUL DELALAIN.

Avant comme depuis l'invention de l'Imprimerie, le nom de *Libraire* sert à désigner celui qui fait, par échange, location, achat ou vente, le commerce des copies d'une œuvre intellectuelle, sous quelque forme qu'elles se présentent, quel que soit le procédé qui les reproduise. C'est que le mot *livre* a, dès l'antiquité latine, servi à désigner l'objet matériel qui fixait la pensée humaine et permettait de la communiquer aux autres[1].

La profession de libraire trouvait surtout à s'exercer dans les villes qui devenaient les grands centres d'instruction, et où se tenaient des Écoles renommées par le savoir des maîtres; les écoliers y affluaient, avides de profiter de cet enseignement oral qui fut longtemps le mode unique, ou tout au moins le plus général, de la

---

1. Le sens primitif de *librarius* est celui de *bibliothécaire;* au XIVe siècle le mot *librairie* signifiait *bibliothèque;* il s'est même perpétué avec cette signification dans la langue anglaise, où *library* signifie encore *bibliothèque*, et *librarian* bibliothécaire. A vrai dire, celui qui groupait un certain nombre de manuscrits fut, pendant une longue période de temps, plutôt un gardien et un dépositaire qu'un véritable commerçant; il remplissait le rôle qui appartient aujourd'hui à nos bibliothécaires. Lorsque ces fonctions se modifièrent, par suite d'une production plus considérable d'exemplaires, due à la découverte de meilleures matières susceptibles de fixer l'œuvre intellectuelle, et que ces exemplaires, ayant une valeur réelle, devinrent l'objet de transactions commerciales et d'acquisitions faites avec intention de revendre, le nom de *librarius* continua à désigner celui qui se livrait à des opérations de ce genre, parce qu'elles se rapportaient au *liber* (livre ou écrit).

transmission des connaissances. A l'époque où nous nous plaçons, du XIIIe au XVe siècle, bien rares encore, malgré les progrès de l'écriture et l'usage perfectionné du parchemin, et par conséquent bien coûteux étaient les instruments d'étude, qui ne consistaient qu'en manuscrits. La reproduction d'un ouvrage par l'écrivain demandait un temps prolongé, un soin minutieux, une habileté longue à acquérir. Il importait en même temps à ceux qui étaient à la tête des Écoles et des Universités de surveiller les diverses opérations commerciales par lesquelles ces manuscrits si précieux pouvaient passer de main en main. Il fallait que l'exactitude, comme la correction, de la copie fût contrôlée; que confiance entière pût être accordée aux personnes qui servaient d'intermédiaires pour l'échange, la location, l'achat ou la vente des manuscrits; que des mesures vinssent empêcher la dissimulation et l'enchérissement des livres recherchés par les maîtres et les écoliers[1].

---

1. « Un passage de Pierre de Blois montre que, dès la fin du XIIe siècle, il existait au sein de l'Université de Paris des courtiers de livres, dont le commerce consistait à faire circuler entre les mains des écoliers ces rares et dispendieux instruments de travail. Leurs fonctions étaient d'acheter et de revendre les cahiers dictés par les régents dans leurs cours, et en général tous les manuscrits nécessaires aux études. Ils portaient, à raison de cet office, les noms de *librarii, mangones, stationarii* ou encore *petiarii*. Ils confectionnaient aussi des livres neufs, et réunissaient en conséquence les attributions d'*écrivains, enlumineurs, relieurs*, ou s'affiliaient à ces professions diverses. » (*Histoire de l'Instruction publique en Europe et principalement en France depuis le Christianisme jusqu'à nos jours*, par VALLET DE VIRIVILLE, professeur auxiliaire à l'école nationale des Chartes, etc., 1 vol. in-4°, p. 127; Paris, Administration du moyen age et la Renaissance, 5, rue du Pont de Lodi, 1849.)

Des quatre mots cités par Vallet de Viriville, deux seulement sont restés en usage à Paris, ceux de *libraire* et de *stationnaire. Mango*, qui désignait un marchand (mais avec une signification peu flatteuse, impliquant une idée de malhonnêteté), n'apparaît jamais dans les documents que nous avons vus et

C'est ce qui explique la pleine autorité de l'Université de Paris, la plus célèbre au moyen âge, sur ce qui constituait le corps de la Librairie en cette ville, autorité que lui donnèrent et lui confirmèrent les rois de France depuis Philippe Auguste[1]. Elle exerça toute supériorité et juridiction sur les Libraires[2], les Stationnaires, les Enlumineurs[3], les Relieurs de livres[4], les Parcheminiers[5], puis un peu plus tard sur les Papetiers ou « faiseurs de papier », en un mot sur tous ceux dont le travail et l'industrie concouraient

que nous citons. Les *petiarii*, dont le nom s'est perpétué à Bologne (V. Denifle, *Archiv für Litteratur- u. Kirchengesch. des Mittelalters*, III, 296-297), ne sont point mentionnés dans les actes de l'Université de Paris, où ils nous semblent être remplacés par les *parcheminiers*. — Voir page 20, note 3, la définition de la *petia*, feuille de parchemin.

1. V. Chevillier, *L'Origine de l'Imprimerie de Paris*, p. 319-320 (Paris, Jean de Laulne, 1694).

2. « La librairie de Paris tire son Origine de l'Université, et c'est elle qui, sous la faveur du Prince, l'a établie en forme de Communauté de Maîtres : elle la gouvernoit seule dans le commencement, lui donnoit des Règles et des Statuts, et c'étoit elle qui créoit les Libraires. Depuis ce tems, ils ont toujours été regardez comme Officiers, Suppôts, et Membres de l'Université, sur qui elle a eu l'inspection et a exercé son autorité en plusieurs occasions. » (Chevillier, *op. cit.*, Préface).

3. L'enlumineur, souvent véritable artiste et miniaturiste distingué, dessinait et peignait les lettres ornées, mises ordinairement au début de chaque chapitre, concevait et exécutait les cadres fins et délicats qui entouraient le texte, imaginait et coloriait les gravures qui occupaient toute une page ou les miniatures destinées à l'ornementation. Ces diverses illustrations donnaient souvent le plus grand prix à un manuscrit.

4. Le relieur, chargé de lier ensemble les divers feuillets du manuscrit, afin d'en assurer la conservation dans leur ordre régulier, et de recouvrir le livre d'un parchemin ou d'une peau, solidement fixé, qui le préservât des injures du temps et de l'usure résultant d'un fréquent usage, rendait aux étudiants et aux études des services que l'Université tenait à surveiller et à se ménager.

5. Le commerce du parchemin a été l'objet de règlements particuliers, que nous avons publiés au *Journal général de l'Imprimerie et de la Librairie*, Année 1890, n° 18.

à la production, à l'ornementation et à la préservation des manuscrits[1].

Aussi l'Université rédigea-t-elle des statuts et règlements applicables à l'office de libraire; elle y formula les diverses dispositions dont elle jugeait l'observation nécessaire pour garantir l'exercice régulier d'une profession qui intéressait au plus haut point les maîtres, les écoliers et les études elles-mêmes. Ces statuts ou règlements sont reproduits dans les Tomes I et II du *Chartularium Universitatis Parisiensis*, publié, sous les auspices du Conseil général des Facultés de l'Académie de Paris, par le Rév. P. Henri Denifle et M. Émile Chatelain. C'est avec l'assentiment et l'encouragement des auteurs que nous avons entrepris la traduction des documents de ce recueil qui concernent les libraires et les stationnaires.

Nous faisons précéder ces documents d'une étude sur le libraire parisien du XIIIe au XVe siècle dans ses rapports avec l'Université de Paris; et nous les accompagnons d'un appendice renfermant d'autres textes, que nous avons pu consulter et recueillir, et qui les complètent.

P. D.

---

1. Après la découverte de l'imprimerie, l'Université conservera ce pouvoir et obtiendra des rois maintien de son autorité sur les imprimeurs, nouveaux écrivains des livres.

OUVRAGES CONSULTÉS ET CITÉS

CHARTULARIUM UNIVERSITATIS PARISIENSIS sub auspiciis Consilii generalis Facultatum Parisiensium ex diversis bibliothecis tabulariisque collegit et cum authenticis chartis contulit HENRICUS DENIFLE, O. P., in Archivo Apostolicæ Sedis Romanæ vicarius, Academiæ scientiarum Vindobonensis socius, auxiliante ÆMILIO CHATELAIN, Bibliothecæ Universitatis in Sorbona conservatore adjuncto; grand in-4°; tom. I, ab anno 1200 usque ad annum 1286, et tom. II, ab anno 1286 usque ad annum 1350. — Paris, Typographie de MM. Delalain frères, imprimeurs de l'Université, 1889 et 1891.

RECUEIL DES PRIVILÈGES DE L'UNIVERSITÉ DE PARIS, accordez par les Rois depuis sa fondation jusques à LOUIS LE GRAND, XIVᵉ du Nom. — Paris, chez la Veuve de Claude Thiboust et Pierre Esclassan, Libraire Juré et ordinaire de l'Université, 1674.

Divisions de cet ouvrage : *Committimus*. — Exemptions. — Conservateur des Privilèges Apostoliques. — Conservateur des Privilèges Royaux. — Parchemin. — Lendit. — Papier.

RECUEIL factice, appartenant à la Bibliothèque de l'Université, composé de documents relatifs aux Rapports de l'Université de Paris avec les Libraires et Imprimeurs, comprenant :

1º Arrêt du Conseil d'État (22 septembre 1587), en faveur des libraires de l'Université.

2º Privilèges et franchises des marchands libraires, maîtres imprimeurs, relieurs et autres. Ordonnance de Henri II (23 septembre 1553). — Lettres patentes de Henri IV en forme de charte, octroyées aux libraires (14 septembre 1603).

3º Contrat fait et passé le 10 juillet 1615 entre le roy et les libraires qui ont entrepris d'imprimer les grandes bibles royales.

4º Arrêt du Parlement (18 juin 1629), concernant les libraires étalagistes.

5º Actes concernans le pouvoir et la direction de l'Université de Pàris sur les écrivains des livres et les imprimeurs qui leurs ont succédé (26 janvier 1652).

6° Lettres obtenues par aucuns des imprimeurs et libraires de Paris en 1649.

7° Sommaire des moyens d'opposition de l'Université de Paris aux Lettres patentes obtenues par aucuns des imprimeurs et libraires au mois de décembre 1649.

8° Répliques de l'Université aux réponses faites par les soy-disant syndic et adjoints des imprimeurs, libraires et relieurs au sujet des lettres patentes de décembre 1649.

9° Moyens d'opposition fournis par les soy-disans syndic et adjoints des libraires, opposans à la vérification des Lettres patentes obtenues par l'Université pour la confirmation de ses privilèges (26 mai 1652). — Réponses aux moyens d'opposition.

10° Factum de l'Université de Paris pour montrer que le papier a toujours été exempt de toutes sortes d'impôt.

11° Mémoire pour l'Université de Paris contre certains prétendus règlements de l'année 1686, touchant les imprimeurs, libraires et relieurs, etc.

12° Sommation faite par le recteur à Nicolas Trabouillet, un des adjoints des libraires, imprimeurs et relieurs, de remettre entre les mains de M. de Harlay les originaux des règlements d'août et septembre 1686.

13° Sommation faite par le recteur au sieur Eloy Levasseur, un des gardes des relieurs et doreurs de la Ville de Paris, de remettre à M. de Harlay l'original du règlement d'août 1686.

14° Remarques sur les règlements faits par les libraires, relieurs et imprimeurs dans les années 1618, 1649, 1683 et 1686.

15° Addition aux griefs que l'Université de Paris a cy-devant mis entre les mains de M. de Harlay, conseiller d'État, en exécution de l'arrêt du Conseil d'État de juin 1689.

16° Sentence qui homologue une délibération de la communauté des maîtres relieurs et doreurs des livres à Paris (20 novembre 1733).

LE CABINET DES MANUSCRITS DE LA BIBLIOTHÈQUE NATIONALE, étude sur la formation de ce dépôt comprenant les éléments d'une histoire de la Calligraphie, de la Miniature, de la Reliure et du commerce des Livres à Paris avant l'invention de l'Imprimerie, par LÉOPOLD DELISLE, membre de l'Institut, administrateur général de la Bibliothèque nationale ; 3 vol. grand in-4°. — Tome I, Paris, Imprimerie nationale, 1868. — Tome II, Paris, Imp. nat., 1874. — Tome III, Paris, Imp. nat. 1881.

L'ORIGINE DE L'IMPRIMERIE DE PARIS, Dissertation historique et critique divisée en quatre parties, par le sieur ANDRÉ CHEVILLIER, Docteur et bibliothécaire de la Maison et Société de Sorbonne. — Paris, Jean de Laulne, 1694.

BIBLIOTHÈQUE PROTYPOGRAPHIQUE ou Librairies des fils du roi Jean : Charles V, Jean de Berri, Philippe de Bourgogne et les siens, publiée par J. Barrois. — Paris, de l'imprimerie de Crapelet; Treuttel et Wurtz, libraires, 1830.

———

HISTOIRE DE L'UNIVERSITÉ DE PARIS, depuis son origine jusqu'en l'année 1600, par M. Crevier, professeur émérite de Rhétorique en l'Université de Paris, au collège de Beauvais; 7 vol. in-12. — Paris, Desaint et Saillant, 1761.

———

INDEX CHRONOLOGICUS CHARTARUM PERTINENTIUM AD HISTORIAM UNIVERSITATIS PARISIENSIS, ab ejus originibus ad finem decimi sexti sæculi, adjectis insuper pluribus instrumentis quæ nondum in lucem edita erant, par Ch. Jourdain; in-folio. — Paris, L. Hachette et Cie, 1862.

———

ARCHIV FÜR LITTERATUR- UND KIRCHENGESCHICHTE DES MITTELALTERS; herausgegeben von P. Heinrich Denifle, O. P., und Franz Ehrle, S. J. : Tome III, contenant les statuts de l'Université de Bologne; in-8°. — Berlin, Weidmannschen Buchhandlung, 1887.

———

MÉMOIRE SUR LES VARIATIONS DE LA LIVRE TOURNOIS depuis le règne de saint Louis jusqu'à l'établissement de la monnaie décimale, par Natalis de Wailly, membre de l'Institut; 1 vol. in-4°. — Paris, Imprimerie nationale, 1857.

———

THÉATRE (Le) DES ANTIQUITEZ DE PARIS, où est traicté de la fondation des Églises et Chapelles de la Cité, Université, Ville et Diocèse de Paris, comme aussi de l'Institution du Parlement, fondation de l'Université et Collèges et autres choses remarquables, divisé en quatre livres, par le Fr. Jacques Du Breul, Religieux de l'Abbaye de Saint-Germain-des-Prés; 1 vol. in-4°. — Paris, Pierre Chevalier, Imprimeur-Libraire Juré en l'Université de Paris, 1612.

———

HISTOIRE ET RECHERCHES DES ANTIQUITÉS DE LA
VILLE DE PARIS, par Henri Sauval, avocat au Parlement ;
3 vol. in-folio. — Paris, Charles Moette, libraire, et Jacques Char-
don, imprimeur-libraire, 1724.

—◆○◆—

INTRODUCTION

Les statuts de l'Université de Paris constatent que ceux qui faisaient, du XIIIe au XVe siècle, le commerce des manuscrits se divisaient en deux classes : les *Libraires* et les *Stationnaires*. Un seul et même titulaire pouvait exercer les deux emplois; il existait toutefois une distinction entre l'un et l'autre; elle est prouvée, non seulement par l'usage de deux noms différents, qui n'étaient point absolument synonymes, mais aussi par certaines prescriptions qui ne s'adressaient qu'au stationnaire par exemple [1].

Crevier [2] attribue l'origine de l'expression *stationnaire* à l'une des significations du mot latin *statio*, qui désignait un *entrepôt* [3]; comme il le fait remarquer avec raison, le commerçant en livres n'était, à vrai dire, à cette époque, que l'entrepositaire de ceux qui désiraient vendre quelque ma-

---

1. Voir, entre autres, les *Statuts du 24 août* 1302, 3°, page 9, *du 4 décembre* 1316, art. 2, 4, 8, pages 19, 20 et 21, et *du 6 octobre* 1342, 11°, page 33.

2. *Histoire de l'Université de Paris*, tome II, page 66.

3. Des statuts de l'Université de Bologne, célèbre au moyen âge par l'enseignement du Droit, il ressort que les *Stationnaires* recevaient de l'Université une sorte de droit de place, de droit de stationnement dans un endroit où ils étaient autorisés à exposer les livres que leur remettaient les maîtres et les écoliers ou l'Université elle-même; celle-ci les préposait, pour ainsi dire, à un poste dont elle leur confiait la garde et où ils devaient être fidèles aux ordres qu'elle leur donnait. A Bologne, en effet, les Stationnaires, boutiquiers officiels, avaient le caractère, plus accusé qu'à Paris, de serviteurs réels de l'Université, tenus de se soumettre à la tutelle des Recteurs; ils jouissaient de moins d'indépendance et d'initiative que leurs confrères de Paris et se trouvaient réduits au simple rôle d'entrepositaires, selon l'interprétation de Crevier, de courtiers assermentés ou plutôt de commis, dont les appointements éventuels variaient, dans les limites de la taxe fixée, suivant le nombre et l'importance des transactions pour lesquelles ils servaient d'intermédiaires. Il leur était interdit d'acheter un livre pour eux ou pour une autre personne dans le dessein de le revendre afin de s'assurer un bénéfice; s'ils contrevenaient à cette prescription, ils s'exposaient à une amende et étaient tenus de restituer, en toute conscience, à l'Université la totalité du bénéfice qu'ils avaient pu ainsi prélever. (V. DENIFLE, *Archiv für Litteratur- und Kirchengeschichte des Mittelalters*, III, 291-297.)

nuscrit, et se chargeait de le faire passer aux acheteurs. Sans doute, au moyen âge, la librairie consistait surtout à s'occuper de l'échange ou de la location des manuscrits existants, de la recherche, moyennant un très faible salaire, d'un acquéreur pour le manuscrit à vendre, de l'exécution du mandat que donnait le propriétaire-vendeur du manuscrit de lui en trouver un prix juste et raisonnable. Mais ce n'était là qu'un des côtés de la profession; car la circulation d'objets existants, soumis, d'ailleurs, aux vicissitudes du temps et à des chances inévitables de perte, ne suffit pas pour constituer un commerce; il faut qu'il y ait renouvellement et multiplication d'objets de même nature; auprès du commerçant, il y a nécessairement le producteur.

Interprète compétent des actes et des usages de l'Université, dont il était le bibliothécaire, Chevillier s'exprime ainsi[1] : « On tombe d'accord qu'il y « avoit des libraires avant qu'on eût inventé les poinçons, les matrices et les « lettres de métal; mais il n'y en avoit point auparavant les escrivains de « livres qui étaient appellez *stationarii*. Ces écrivains, sans doute, étoient, « dans les siècles passez, la base et le fondement de toute la librairie, ainsi « que sont aujourd'hui les imprimeurs. Or, qui est-ce qui ignore que les « imprimeurs ont succédé aux écrivains, et qu'ils ne font aujourd'hui avec « leurs presses que ce qu'ont fait dans les premiers temps les écrivains avec « leurs plumes? » Dans ce passage, Chevillier se trouve commenter le titre donné au recueil, publié en 1652, des *Actes concernans le pouvoir et la direction de l'Université de Paris sur les* ESCRIVAINS DES LIVRES ET LES IMPRIMEURS QUI LEURS ONT SUCCÉDÉ, *comme aussi sur les libraires, relieurs et enlumineurs*[2].

Les mots *écrivain* et *stationnaire* désignaient donc la même fonction; et les stationnaires[3] étaient ceux des libraires qui faisaient profession de produire des manuscrits nouveaux.

Le *libraire* proprement dit se contentait du commerce des manuscrits

---

1. *L'Origine de l'Imprimerie à Paris*, pages 378-379.

2. Ces actes ont été réunis par QUINTAINE, scribe de l'Université, le 26 janvier 1652; ils sont compris dans un Recueil factice, composé des actes relatifs à l'Université et aux Libraires et Imprimeurs, et appartenant à la Bibliothèque de l'Université de France. Dans ce même Recueil nous relevons (pages 23 et 24 des *Répliques de l'Université à propos des lettres patentes de décembre* 1649) que, en vertu de l'acte de l'année 1275, l'Université réformait les abus des *Stationnaires qui étaient les Écrivains des livres*, comme aussi ceux des *libraires qui exposaient les livres en vente;* et encore que « depuis que l'Art de l'Imprimerie a esté mis en usage dans la France, l'Université a toujours conservé le mesme droict et direction sur les Imprimeurs et Libraires qu'elle avoit sur les Escrivains »; enfin (page 2 du *Factum de l'Université de Paris, pour montrer que le papier a toujours été exempt de toutes sortes d'imposts*), que les « *Escrivains ou stationnaires estoient ceux qui escrivoient les Livres auparavant l'invention de l'Imprimerie* ».

3. Le mot s'est perpétué en Angleterre, où le bureau de la Compagnie des libraires, qui reçoit les exemplaires dont les *éditeurs* sont tenus de faire le dépôt, est encore aujourd'hui désigné sous le nom de STATIONERS' HALL.

existants, recevait en dépôt les exemplaires à vendre, leur cherchait acquéreur, se créait dans les écoles ou parmi les magistrats et les fonctionnaires
royaux une clientèle qui avait recours à son intermédiaire pour des opérations d'échange, d'achat ou de vente. Il avait un domicile certain et pouvait tenir boutique[1]. Si ses ressources lui permettaient de devenir propriétaire de quelques manuscrits, il ne cherchait pas toujours à les vendre; il
les mettait plutôt en location; car le prêt des manuscrits donnait surtout
lieu à de nombreuses transactions. Le libraire ne pouvait alors réclamer
pour prix de location que la taxe fixée par l'Université; il avait toutefois le
droit d'exiger un gage de l'emprunteur[2].

Le *stationnaire*, vulgairement appelé aussi *libraire*[3], parce qu'il s'occupait
également de l'échange ou de la location, de la vente ou de l'achat des
manuscrits existants, joignait à ce commerce une industrie fort importante :
il faisait lui-même, ou faisait faire, sous sa direction, par des clercs ou
copistes[4] à son service, de nouvelles copies de manuscrits anciens ou des
copies d'une œuvre nouvelle due à l'un des maîtres de l'Université. Ces
exemplaires nouveaux, qu'il produisait d'après sa propre inspiration et
l'étude des besoins des écoliers, ou même sur commande, il les mettait en
circulation, sous le contrôle de l'Université, multipliant ainsi les moyens
d'instruction et réparant les injures du temps et les pertes accidentelles.
Entrepreneur de copies, il était l'*éditeur* de l'époque, en même temps que,
professionnellement, le prédécesseur de l'imprimeur. Aussi avait-il non seulement une boutique, mais un bureau de copistes, véritable atelier, où l'enlumineur achevait, pour les exemplaires de luxe, l'œuvre de l'écrivain; et il
devait peut-être à cette installation plus considérable, plus *sédentaire*, le
nom particulier qui caractérisait son office.

1. Ce ne serait donc pas dans le sens absolu de *résidant à demeure fixe* qu'il
conviendrait d'interpréter le mot *stationarius*. Quelquefois *stationarius* est
accompagné du mot *librorum* (V. Guérard, *Cartulaire de l'Église Notre-Dame de
Paris*, t. III, p. 73, à la date du 11 novembre 1270 : « *Guillelmus dictus de Se-
nonis*, Stationarius librorum... ») Il semble que l'on sous-entende *mercator* ou
plutôt *scriptor;* mais si, dans cette expression, se trouve l'idée d'une *occupation
sédentaire,* elle ne désigne point nécessairement un *marchand de livres en boutique;* elle signifierait plutôt un *écrivain sédentaire de livres,* celui qui, restant
longtemps en place, fixe une œuvre sur le parchemin par le moyen de l'écriture.
2. V. Document VI, art. 6, page 20. — Pour la taxe du prix de location des manuscrits, consulter, dans le *Cartulaire de l'Université de Paris*, le n° 530,
t. I, page 644, et le n° 642, t. II, p. 107. L'Université de Bologne avait également
déterminé un tarif (V. Denifle, *Archiv, etc.*, III, 298-302).
3. Voir le *Règlement du 8 décembre* 1275, *in principio,* page 1.
4. « Le nombre des copistes était prodigieux; outre les moines, il y en avait de
laïques. On en comptait, peu de temps avant la découverte de l'imprimerie, plus
de dix mille dans les seules villes de Paris et d'Orléans, qui vivaient de ce pénible
métier de la transcription. Il fallait deux ans d'un travail soutenu à un copiste
pour transcrire la Bible sur vélin. » Alph. Chassant, *Dictionnaire des abrévia-
tions latines et françaises usitées dans les manuscrits et chartes,* 5ᵉ édition ;
Paris, 1864.

Celui qui n'était que libraire au sens étroit du mot s'imposait beau-coup de démarches au dehors pour découvrir des exemplaires disponibles et trouver un acheteur des manuscrits qu'il détenait. Mais le stationnaire, — dans les visites faites à son atelier par ceux qui voulaient savoir quels exem-plaires il préparait et connaître l'époque où il espérait les achever, — avait l'occasion de pratiquer, sans quitter son domicile et son magasin, les opérations d'échange, de location, d'achat ou de vente auxquelles il se livrait, en même temps qu'il s'occupait de produire des manuscrits nouveaux. Toute-fois si le stationnaire ne pouvait guère se dispenser d'être également libraire, il arrivait plus fréquemment que le libraire ne cherchait point à exercer la profession de stationnaire.

D'après ce qui précède, il n'y a pas à s'étonner qu'il y ait parfois, même dans les règlements de l'Université, confusion dans la désignation véritable qui devrait rigoureusement s'appliquer à telle ou telle classe de ces officiers de l'Université; à plus forte raison faut-il l'excuser dans le langage usuel [1].

Ce défaut de précision ne permet pas de se rendre exactement compte de la proportion dans laquelle les stationnaires se trouvaient par rapport aux libraires; il est probable qu'il n'y avait point à cet égard de règle fixe, et que, lorsqu'une place était vacante parmi les libraires ou stationnaires jurés, l'Université choisissait celui qui remplissait le mieux toutes les con-ditions exigées, sans s'arrêter au nombre des libraires ou stationnaires déjà en exercice. Nous n'avons trouvé que dans un seul document la no-menclature complète et distincte des libraires et des stationnaires. Les lettres patentes de Charles V, datées du 5 novembre 1368 [2], énumèrent 14 libraires et 11 écrivains (c'est-à-dire stationnaires [3]).

La distinction que nous indiquons entre les *stationnaires* et les *libraires* se justifiait par ce fait, que l'Université avait autant et même plus d'intérêt à surveiller la production des manuscrits qu'à contrôler les actes commer-ciaux dont ils pouvaient être l'objet. Mais elle s'appuie également sur les textes de certaines dispositions des règlements arrêtés par l'Université. Ainsi à la fin du document II (page 9, 2°), il est enjoint au stationnaire de présenter à l'Université tout exemplaire qui n'aura pas été taxé, ce qui revient à dire tout manuscrit d'un ouvrage nouveau dont la copie vient d'être faite. Dans le même acte (page 9, 3°), les stationnaires s'engagent à

---

1. Une confusion analogue, ou du moins un manque semblable de précision se remarque encore de nos jours dans l'emploi du mot *libraire*, qui sert isolément à désigner à la fois le *vendeur* ou *débitant de livres* (libraire détaillant) et l'*éditeur de publications* (libraire-éditeur).

2. *Recueil des Privilèges de l'Université de Paris*, p. 82. — Voir le texte de ce document, à l'APPENDICE, Document XI, page 43.

3. Remarquons ici que dès cette époque la désignation spéciale de *stationnaire* tend à disparaître des actes qui intéressent les suppôts et officiers de l'Université; on n'y rencontre désormais le plus souvent que le mot *libraire,* quelquefois seu-lement le mot *écrivain*. C'est qu'en effet le mot *libraire,* plus précis et plus con-forme à l'étymologie, rappelait mieux la nature de la profession exercée.

procurer des exemplaires des livres utiles aux études des diverses facultés en aussi bonnes conditions et avec autant de promptitude qu'ils le pourront ; il est hors de doute qu'il s'agit ici de manuscrits à exécuter et à produire, et non pas seulement de copies existantes à découvrir ; et, en effet, le règlement ajoute : « pour l'avantage des étudiants et dans l'intérêt même des stationnaires ». Son intérêt, le stationnaire le trouvait dans la rapidité avec laquelle son habileté ou celle de ses clercs achevait les manuscrits demandés et dans le prix plus largement rémunérateur qu'il tirait de ce travail [1]. Dans le document VI, du 4 décembre 1316 (art. 2, page 19), il est dit que « nul stationnaire ne devra prendre un clerc pour produire des exemplaires, que celui-ci n'ait, avant d'entrer en fonctions, juré par-devant l'Université, ou tout au moins par-devant le recteur et les quatre procureurs, d'exercer fidèlement son emploi » ; ce qui indique bien que le stationnaire dirigeait le travail d'un ou de plusieurs clercs [2] dont il était responsable ; or c'était parmi les clercs — et ce nom désignait les personnes instruites, possédant des connaissances littéraires et sachant, par conséquent, écrire, sans que ce titre entrainât nécessairement la qualité d'ecclésiastique, ce qui, toutefois, était le cas le plus fréquent — que se recrutaient les écrivains dont l'habileté devait multiplier les manuscrits. L'article 7 du même statut prévoit que, avant d'être mis en location, l'exemplaire sera corrigé et taxé ; or, était-il besoin de corriger un manuscrit ancien, qui avait passé par des mains diverses et déjà subi, plusieurs fois peut-être, l'épreuve de la correction ? Et l'article 8 inflige une amende au stationnaire qui a livré l'exemplaire défectueux ; pouvait-il donc être responsable de fautes commises par d'autres que lui-même ou les clercs à son service dans l'exécution des manuscrits qu'ils avaient produits ?

Telles sont, entre autres, les dispositions où se rencontre la preuve que le stationnaire était plus que le simple libraire, et que, en dehors de l'échange, de la location, de l'achat ou de la vente des manuscrits, il exerçait l'importante industrie de la création, de l'*édition* d'exemplaires nouveaux.

Était-il toujours propriétaire du manuscrit qu'il copiait ou faisait copier ? Cela est peu probable. L'acquisition d'un manuscrit exigeait un prix élevé, et les bibliothèques qui pouvaient en réunir un grand nombre appartenaient à des communautés religieuses, comme le couvent de Saint-Victor, à Paris, le monastère de Cluny, etc. ; à des corps ecclésiastiques, comme les chanoines de Notre-Dame ; à de riches seigneurs, comme le duc Jean de Berry, etc. [3] C'était à la complaisance du propriétaire d'un exemplaire d'une œuvre ancienne ou de l'auteur d'une œuvre encore inédite, que le stationnaire devait

---

1. Ces dispositions sont reproduites en termes à peu près identiques dans le Document du 6 octobre 1342, 16° et 17°, page 33.

2. Aujourd'hui encore en Angleterre on appelle du nom de *clerk* les commis en librairie.

3. Voir Léopold Delisle, *le Cabinet des Manuscrits de la Bibliothèque nationale ;* 3 vol. in-4°, et aussi *Bibliothèque protypographique ou Librairie des fils du roi Jean*, par J. Barrois, 1 vol. in-4°.

le prêt de la copie qui lui servait de modèle. Aussi, dans ces conditions, paraît-il moins rigoureux de le voir obligé, à son tour, de remettre, moyennant un gage convenable, l'exemplaire, qu'il a produit à ses risques et périls, à toute personne qui désire en prendre copie[1]. Jusqu'à la découverte de l'imprimerie, qui rendit facile et rapide la multiplication à l'infini des copies de l'œuvre intellectuelle, l'idée d'un droit de propriété littéraire, perçu sur tout exemplaire d'une même œuvre, n'avait pas été pratiquée, pas même imaginée. Si quelquefois, à l'occasion de lectures publiques, dans les *récitations*, l'auteur d'une œuvre littéraire recueillait personnellement de la part de ses auditeurs, en échange du charme et de la jouissance qu'il leur faisait goûter, une rémunération de son travail ou une récompense de son talent, jamais il n'aurait pu, avant l'art merveilleux que le génie de Gutenberg révéla au monde, s'opposer à l'exécution matérielle de toute copie de son œuvre pour laquelle un droit ne lui aurait pas été payé; et, il faut bien le reconnaître, un pareil droit eût-il existé, il aurait été impossible de le faire valoir par suite de la difficulté de découvrir et de saisir celui qui avait exécuté la copie.

Pour ce dernier, au contraire, bien loin qu'on lui crée des obstacles ou que l'on songe à le menacer d'une peine, il n'y a qu'encouragements et remerciements; car, dans l'état où se trouve à cette époque la société, il rend les plus grands services à la cause de l'instruction, en fournissant les seuls instruments nécessaires au développement des études qu'il soit alors possible de se procurer. Aussi les communautés de maîtres et d'écoliers, et particulièrement la plus célèbre, connue sous le titre d'Université de Paris, s'empressent-elles de l'associer, ainsi que le commerçant en manuscrits, aux privilèges que les rois leur accordent.

Suppôts[2] et officiers[3] de l'Université, les libraires et les stationnaires de Paris, qui n'étaient point confondus parmi les autres métiers ni considérés comme artisans, étaient admis à jouir de trois privilèges principaux : 1° privilège de juridiction, connu sous le nom de privilège de *Committimus*[4]; 2° privilège de l'exemption des tailles; 3° privilège de la dispense du guet et de la garde des portes.

---

1. Voir Document VI, page 20, art. 4, et la note qui l'accompagne.
2. Du mot latin *suppositus*, placé dessous, subordonné.
3. Dans le sens de *exerçant un office* dépendant de l'Université.
4. *Committimus*, c'est-à-dire « nous conférons à telle personne le pouvoir de....., nous commettons telle personne pour.... » C'est la formule d'autorité royale qui, par faveur, consacre une dérogation au droit commun, appuyée sur de puissants motifs.

1° Privilège de *Committimus*.

En vertu du privilège que l'on appelle vulgairement *Committimus*, « ceux qui sont actuellement et indispensablement attachés à l'étude, ou au service des étudiants, peuvent, de tous les endroits d'un Royaume ou d'un État, faire assigner toutes sortes de personnes, tant en demandant qu'en défendant, par-devant leurs Juges Conservateurs [1], pour causes civiles, personnelles, possessoires et mixtes, entières et non contestées par-devant d'autres juges [2]. »

« La plupart des causes personnelles et de celles qui naissent entre les suppôts de l'Université pour un fait de discipline doivent être décidées au tribunal du Recteur. Mais les causes réelles et celles qui naissent entre lesdits suppôts et les étrangers pour raison de quelque différend temporel, et pour lesquelles il est besoin d'établir un juge certain, à cause de la diversité et distance des lieux, doivent être traitées par-devant les Conservateurs des Privilèges. »

Afin d'aider au développement de l'Université et d'assurer sa prospérité, les rois ont voulu « prendre soin de rendre justice eux-mêmes aux maîtres et aux écoliers, ou de la leur faire rendre par des Juges Conservateurs, établis à Paris, pour maintenir leur liberté et empêcher la dissipation et la distraction qui serait arrivée s'ils avaient été obligés de sortir du lieu de leurs études pour soutenir les procès qu'on leur aurait pu faire ». Autrement, il y aurait eu abandon des études et conséquemment désertion de l'Université. Obligés d'aller solliciter leurs procès à des tribunaux éloignés du lieu de leur résidence actuelle, les maîtres et écoliers auraient perdu un temps précieux qu'ils devaient employer à l'exercice des lettres et dépensé mal à propos l'argent qu'ils destinaient à leur entretien et à l'achat des livres qui leur étaient nécessaires. Les mêmes motifs firent étendre aux « parties accessoires » de l'Université le privilège de la juridiction exceptionnelle du lieu où elles remplissaient leur office : les Libraires, Parcheminiers, Papetiers, Écrivains et Enlumineurs purent l'invoquer et en jouir.

En 1200 [3], Philippe Auguste, ayant appris que les maîtres et les écoliers avaient dessein d'abandonner l'Université de Paris, « à cause du mauvais traitement que leur faisait le Prévôt, qui auparavant était leur véritable juge », renvoya par-devant l'Évêque de Paris toutes les causes des écoliers,

---

1. Le Juge Conservateur était chargé de veiller à l'observation et au maintien des privilèges ; il était désigné par l'autorité qui accordait le privilège. On verra que le conservateur des privilèges royaux a varié suivant les époques.

2. Voir *Recueil des Privilèges de l'Université de Paris accordés par les rois depuis sa fondation jusqu'à Louis le Grand, XIV° du nom.* — D'ailleurs, dans ce paragraphe, nous ne faisons que donner un résumé des pages 1 à 9 de cet ouvrage, en en reproduisant plusieurs extraits.

3. *Cartulaire de l'Université de Paris*, n° 1, t. I, page 59.

et même les criminelles. En août 1229, saint Louis confirma cette décision royale [1], qui fut maintenue par Philippe le Bel en 1302 [2].

Mais, dans la suite, l'Université « se trouva plus mal d'être dépendante de la juridiction de l'Évêque et de ses officiaux [3] que de celle des juges royaux, à cause des fréquentes excommunications qu'ils fulminaient contre les moindres désordres des écoliers; de sorte qu'elle aima mieux se remettre dans la dépendance des juges royaux, que de se voir toujours dans la crainte de tels foudres. » Aussi, en décembre 1340 [4], ou même dès 1334, des lettres patentes de Philippe de Valois enjoignirent au Prévôt de Paris de prendre l'Université en sa garde et protection. Le Prévôt redevint alors conservateur des privilèges royaux [5]; maîtres et écoliers, ainsi que suppôts et officiers de l'Université, relevèrent de sa juridiction. Mais en même temps les rois obligèrent les Prévôts à prêter serment à l'Université au moment de leur installation [6].

En janvier 1341, Philippe de Valois déclare expressément, dans de nouvelles lettres patentes, que « les maîtres et écoliers de l'Université de Paris ne seront tenus de procéder par-devant autre juge que le Prévôt de Paris ou son lieutenant ».

Toutefois des difficultés s'élevèrent sur l'application et l'interprétation de ce privilège; et, en présence surtout de l'opposition des juges du duché de Normandie, qui prétendaient avoir des chartes contraires en leur faveur, l'Université obtint du roi, le 21 mai 1345, des lettres patentes, où il est dit : « Nous déclarons que, pour tout fait d'injure, toute contestation, attaque et violence dont les maîtres et écoliers seraient l'objet, soit en leur personne, soit en la personne de leurs serviteurs, ou qui seraient dirigées contre les biens propres desdits maîtres ou écoliers, leur appartenant sans fraude, sans

---

1. *Cartulaire de l'Université de Paris*, n° 66, t. I, page 120.

2. *Ibid.*, n° 624, t. II, page 94.

3. L'*Official* était un juge ecclésiastique délégué par l'évêque pour exercer en son nom la juridiction contentieuse.

4. Cette décision, dont la date nous est donnée par le *Recueil des Privilèges* (p. 6), aurait été prise dès 1334 d'après le document suivant que publie le *Cartulaire de l'Université de Paris* (n° 1011, t. II, page 474) : « Lettre de Philippe VI. roi de France, au Prévôt de Paris, par laquelle il déclare avoir confié à sa protection, depuis quatre ans auparavant, les maîtres et écoliers de Paris, et les mettre de nouveau sous sa garde pour une autre période de quatre ans, 13 mars 1338. »

5. Outre le prévôt de Paris, conservateur des privilèges royaux, il y avait des conservateurs des privilèges apostoliques accordés à l'Université de Paris par le Saint-Siège ; c'étaient les ecclésiastiques désignés dans chaque privilège, le plus habituellement un des évêques voisins de Paris, comme l'évêque de Senlis, de Beauvais, de Meaux, d'Amiens, etc. Voir la liste des conservateurs des privilèges apostoliques dans le *Recueil des Privilèges* déjà cité, pages 223-227. — En 1460, il fut nommé un conservateur spécial des privilèges de l'Université *pour le fait des aides;* ce fut le président de la Cour des aides. (*Ibid.*, p. 98.)

6. Voir la formule de ce serment dans le *Recueil des Privilèges* déjà cité, pages 277 et 286.

aucune fiction, sans contrat simulé de cession, de transfert ou d'autre genre, en violation de notre droit de garde et protection et contre la teneur des présentes lettres, ainsi que pour les actions en dommages et intérêts à poursuivre de ce chef contre toute personne, quelle qu'elle soit et en quelque lieu de notre royaume qu'elle réside, le Prévôt de Paris en connaîtra sommairement et au fond, et rendra brève et complète justice en faisant payer les amendes dues à nous-même et à la partie intéressée ; et tous nos justiciers, en quelque lieu qu'ils siègent, obéiront, pour la circonstance, audit Prévôt, nonobstant tous privilèges accordés ou à accorder à nos sujets normands ou de quelque autre province. »

Confirmée par tous les rois successeurs de Philippe de Valois, cette déclaration fut, en outre, appuyée d'une infinité d'arrêts qui la firent respecter.

2° PRIVILÈGE DE L'EXEMPTION DES TAILLES.

« En vertu du privilège des exemptions, les véritables suppôts des Universités jouissent de tous les droits et avantages qu'ont les citoyens des villes où elles ont été établies, et sont exempts des charges et subsides que les princes sont obligés d'imposer sur leurs autres sujets [1]. »

Philippe le Bel, le 13 août 1307, mande et ordonne au Prévôt de Paris de ne soumettre ni laisser soumettre à la taille ceux qui seront reconnus être libraires de l'Université de Paris [2] ; la formule est générale. Le 12 février 1361, des lettres patentes du roi Jean déclarent que les maîtres et écoliers (et par suite les suppôts et officiers de l'Université) seront « quittes sans aucune chose payer des Portes, Gabelles, Impositions, Aides et Subsides quelconques [3] ».

Voulant que les vrais écoliers de l'Université de Paris tiennent et gardent leurs libertés et franchises, afin qu'ils puissent mieux continuer leurs études et que plus volontiers d'autres écoliers viennent étudier à Paris, Charles V dit dans ses lettres patentes du 26 septembre 1369 : « à iceux vrais escholiers et à leurs bedeaux avons octroyé et octroyons par ces présentes, qu'ils seront francs et quittes sans nous payer aucunes Aydes, c'est à sçavoir de molage de bleds, des vins qu'ils achepteront pour leurs vivres, et de ceux qui seront crûs en leurs héritages ou en ceux de leurs Bénéfices et d'autres quelconques vivres dépensez en leurs Hostels à Paris, et aussi de toutes Entrées, par eau et par terre, de tous vins et autres biens crûs et venus comme dit est, qui y seront venus pour leurs dites garnisons, sans ce qu'ils en payent rien ne (*ni*) soient ou puissent estre contraints par Nous ou aucuns de nos Officiers ou Fermiers. » Le roi ajoute : « *Et outre ce leur avons*

---

1. *Recueil des Privileges de l'Université*, déjà cité, page 71. Ce recueil donne d'une manière complète tous les actes royaux relatifs aux diverses exemptions dont jouissait l'Université de Paris (pages 71 à 160).

2. Voir le Document III, page 10.

3. *Recueil des Privilèges, etc.*, page 81.

octroyé et octroyons par ces présentes que tous les Libraires, Enlumineurs et Parcheminiers, qui vendront ausdits vrais Escholiers Livres, Enluminures et Parchemins et autres choses de leur mestier nécessaires à iceux vrais Escholiers, soient et demeurent quittes de payer pour ce à Nous ou à nos Officiers aucunes impositions ou autres Aides quelconques[1]. »

L'extension du privilège des exemptions donna lieu à des abus[2] ; aussi, tout en le confirmant en faveur des Maîtres, Bacheliers et Écoliers, lisants et étudiants en l'Université de Paris, et aussi des *serviteurs et officiers* de ladite Université, Charles VI prescrivit, le 21 janvier 1384, diverses mesures destinées à empêcher que ceux qui n'avaient pas droit à la jouissance de cet important privilège pussent en tirer profit[3]. Renouvelant le même privilège le 18 avril suivant, il fait une restriction à l'égard des libraires ; il n'admet à en jouir que ceux qui, sous la protection, garde et surveillance de l'Université, vivent de leur emploi de libraire sans exercer d'autre commerce[4].

Cette exemption de « tailles, dîmes, impôts sur vin ou autres choses quelconques[5] » constituait un privilège, « qui n'était pas des moindres », comme le remarque l'Université dans un de ses actes[6].

Toutefois l'Université se réservait, pour les besoins de son administration, de prélever à son profit, sur les libraires et sur les stationnaires, certaines contributions, qui semblent n'avoir eu qu'un caractère temporaire et une destination spécialement déterminée[7].

---

1. Des exemptions spéciales étaient encore accordées en certains cas aux suppôts et officiers de l'Université de Paris. Ainsi des lettres de Charles VI ordonnent, le 27 juillet 1386, que les maîtres, écoliers et *officiers* de l'Université de Paris soient francs, quittes et exempts du demi-décime que le pape avait autorisé le roi à lever sur les gens d'Église. (CH. JOURDAIN, *Index chronologicus Chartarum pertinentium ad historiam Universitatis Parisiensis ab ejus originibus ad finem decimi sexti sœculi,* n° 818.) — V. aussi *Recueil des Privilèges* déjà cité, p. 88.

CH. JOURDAIN (*op. cit.,* n° 934) enregistre encore « Lettres du roi Charles VI « portant que les vrais étudiants, bedeaux, *libraires, enlumineurs, parchemi-* « *niers* et autres serviteurs de l'Université de Paris, qui sont exempts des aides et « autres impositions, ne payeront point la taille imposée à cause du mariage d'Isa- « beau, fille du roi, avec le roi d'Angleterre. Donné à Paris, le 9e jour de juin de « l'an 1396. »

2. Dès 1368, les lettres patentes de Charles V, relatives à la dispense du guet (v. APPENDICE, page 43), avaient spécifié les noms de ceux qui seraient admis à jouir de ce privilège.

3. *Recueil des privilèges, etc.,* page 86.

4. « *Librarios, qui sub protectione, tuitione et custodia ipsius Universitatis de officio Librariae absque alia mercatura vivunt.* » Nous verrons plus loin (p. XLI) que l'Université interdisait à ses libraires de « se mêler de viles occupations ».

5. Lettres patentes de Charles VI, 12 juin 1419 (*Recueil des privilèges, etc.,* p. 93).

6. Voir Document IV, 2e alinéa, page 11.

7. Voir Document VIII, page 29.

3° PRIVILÈGE DE LA DISPENSE DU GUET ET DE LA GARDE DES PORTES.

Les libraires et stationnaires, placés sous la protection de leur mère l'Université, étaient dispensés du guet et de la garde des portes[1]. Dans ses lettres, datées du 5 novembre 1368, et adressées au Prévôt de Paris, Charles V se montra favorable à la supplication faite par l'Université pour ses serviteurs, Libraires, Écrivains, Relieurs de livres et Parcheminiers, qu'on voulait contraindre à faire guet et garde de Paris, de jour et de nuit, quand venait leur tour, comme les autres sujets habitants de ladite ville. « Voulons et vous mandons, dit le roi, que vous ne contraigniez ne (*ni*) souffrez estre contraints par Quarteniers, Cinquanteniers, Dixeniers ou autres Officiers ou Commissaires, à faire Guet ne (*ni*) Garde par nuit ne (*ni*) par jour en ladite ville de Paris, ains (*mais*) les en tenez et faites tenir paisibles. » Par lettres du 18 avril 1420, Charles VI, confirmant ses lettres précédentes du 12 juin 1419, ordonne au Prévôt de Paris de tenir les Maîtres, régents, vrais Suppôts et étudiants de l'Université, avec leurs vrais Officiers et Serviteurs, « quittes et paisibles doresnavant de toutes contributions de Gens d'Armes, de faire Guet et Garde de jours et de nuits, tant aux portes que sur les murs d'icelle ville[2] ».

---

1. Dans le discours qu'il prononça au banquet que ses collègues du Cercle de la Librairie lui avaient offert, le 20 mars 1873, à l'occasion de sa réception à l'Institut (Académie des Inscriptions et Belles-Lettres), M. Ambroise Firmin Didot faisait, non sans *humour*, allusion à ce privilége. « Jadis, disait-il, la librairie et l'imprimerie étaient reliées à l'Université, dont elles faisaient partie, en jouissant de tous ses privilèges ; et j'avoue que mes goûts et mes études qui m'identifient souvent avec le passé m'ont fait croire quelquefois que ces rapports avec l'Université étaient préférables à ceux plus ou moins équivoques, qui depuis trois quarts de siècle font passer et repasser l'imprimerie et la librairie de ministère en ministère et jusque dans celui de la police. Vous sourirez peut-être si je vous dis que, lorsqu'il me fallait revêtir mon habit de garde national, pour aller monter ma faction, je me prenais à regretter la perte de privilèges qui autrefois m'en auraient dispensé. » *Journal général de l'Imprimerie et de la Librairie*, 22 mars 1873.

2. *Recueil des privilèges, etc.*, p. 94. — Après l'invention de l'imprimerie, la jouissance d'un nouveau privilège sera assurée aux libraires. Les rois, frappés du développement commercial dû à cette merveilleuse découverte, reconnurent qu'il était d'intérêt national de ne soumettre le transport des livres à aucun droit de péage ou de douane. Les lettres patentes d'Henri II, datées du 23 septembre 1553, contiennent à cet égard de remarquables considérants et se terminent ainsi : « Avons ordonné et ordonnons lesdits livres, escrits ou imprimez, reliez ou non reliez, estre et demeurer exempts desdit droits de Traicte foraine, Domaine forain et haut passage. »
Pour transporter ou faire transporter leurs livres hors de la ville de Paris, les libraires devaient prendre un passeport du Recteur de l'Université, pour certifier aux Fermiers des Douanes qu'il n'y avait point dans leurs balles et paquets d'autre marchandise que des livres, et pour empêcher les peines et vexations que lesdits Fermiers leur feraient au préjudice de leurs exemptions et franchises, conformément aux privilèges de l'Université. (*Répliques de l'Université, etc.*, *signifiées le* 13 *janvier* 1652, p. 41, dans le Recueil factice déjà cité.) Le même

Pour obtenir le titre qui devait lui assurer la jouissance de tels privilèges, l'aspirant à l'office de libraire ou de stationnaire était soumis à une enquête préalable sur sa bonne réputation et sa capacité, obligé de fournir caution, tenu de prêter serment à l'Université.

Nul n'est admis à l'exercice de la profession de libraire ou de stationnaire s'il n'est de bonnes vie et mœurs [1], s'il ne possède une instruction et des connaissances suffisantes pour l'appréciation des manuscrits; si, d'après le témoignage d'hommes honorables et dignes de foi [2], il ne présente toute garantie pour le respect et l'exacte observation des règlements; enfin, s'il n'a été au préalable agréé par l'Université [3].

De plus, le libraire ou le stationnaire n'entre en charge qu'après l'accomplissement des formalités que l'Université impose à celui qu'elle agrée et reconnaît apte à l'exercice de la profession.

Comme, à cette époque, le libraire ne peut posséder en toute propriété qu'un petit nombre de manuscrits, et qu'il n'est le plus souvent que le dépositaire des manuscrits qui lui sont confiés à charge de les vendre, il est obligé de fournir caution jusqu'à concurrence d'une somme déterminée, afin de répondre des valeurs qu'il se trouve ainsi détenir [4]. A cet effet, il est tenu de s'obliger sur tous ses biens et les biens de ses hoirs (*héritiers*), meubles et immeubles, présents et futurs, en quelque lieu qu'ils existent ou pourront se trouver, et de les soumettre, ainsi que sa personne, en quelque endroit qu'il se transporte lui-même, à la juridiction de la Cour de Paris; et il doit se faire assister d'un ou de plusieurs garants qui s'engagent solidairement avec lui.

La caution avait également pour objet de répondre du payement des

---

document (page 33) nous apprend que le passeport délivré par le Recteur donnait lieu, au profit de celui-ci, à un droit de sceau et de visa, qui, aux termes d'un arrêt du 15 mars 1564, était de douze deniers Parisis pour le sceau et de quatre deniers pour le visa.

1. Voir Document VI, art. 13, page 23.

2. On verra plus loin (page XXXVIII) que c'étaient les quatre grands libraires qui avaient la mission de se livrer à une enquête préalable sur la bonne réputation, la vie honnête, l'instruction et les connaissances des postulants.

3. Voir Document VI, art. 1, page 18.

4. Un acte du 18 avril 1448 (Caution fournie par *Jean Pocquet Laisné*, libraire juré en l'Université de Paris, du nombre des vingt-quatre [*Actes concernans, etc.*, page 24]) commente ainsi la nécessité de la caution : « .... pour rendre et restituer à iceux Docteurs, Maistres, Régens et Escholiers ou autres personnes qu'il appartiendra les livres qui audit .... seroient ou seront baillés à vendre ou autrement, ou les deniers de la vente d'iceux et autrement en la manière accoustumée. »

amendes qui seraient prononcées contre les libraires ou stationnaires en cas de fraude de leur part.

Le statut du 4 décembre 1316 (art. 13, page 23) fixe à cent livres[1] la caution que le libraire devra fournir. Mais, par des considérations qui nous échappent, on rencontre des différences dans les chiffres signalés par les divers actes de caution dont le texte nous a été conservé ; la caution fournie descend à cinquante, à quarante et même à vingt livres ; d'autre part, elle s'élève à deux cents livres lorsqu'il s'agit d'un des quatre grands libraires.

L'acte de caution, qui comporte transfert de juridiction et obligation de biens meubles et immeubles, devait être passé soit devant l'Official de la Cour de Paris[2], assisté de deux notaires jurés, soit devant le Prévôt de Paris[3], assisté de deux notaires du roi au Châtelet de Paris[4]. Toutefois l'assistance de deux notaires n'est que rarement mentionnée dans les actes parvenus jusqu'à nous et qui ne sont sans doute que des extraits de la minute[5].

Une copie, ou tout au moins un extrait de l'acte authentique de caution devait être remis au Recteur ; cette pièce entrait dans les Archives de l'Université, où elle restait à titre de garantie[6]. Alors le Recteur, par un certificat

---

1. Les titres de caution, qui sont reproduits dans les *Actes concernans le pouvoir et la direction de l'Université de Paris et les Escrivains des livres, etc.*, constatent qu'il s'agit de la *livre Parisis ;* or, la livre Tournois ne valait que les 4/5 de la livre Parisis. D'après le mémoire de NATALIS DE WAILLY sur les variations de la livre Tournois, on peut évaluer, en 1316, la livre Tournois à $20^f 26$, et par conséquent la livre Parisis à $25^f 325$. Cent livres Parisis représentaient donc $2532^f 50$.

2. Voir la note 3, page XXIV. — Voir aussi APPENDICE, page 48, la formule d'un acte de ce genre.

3. Voir APPENDICE, Document XVI, page 53, la formule d'un acte dressé devant le Prévôt. — Le Prévôt de Paris, aidé de ses lieutenants, connaissait des causes civiles et criminelles dans la Prévôté et Vicomté de Paris ; il était à Paris le chef de la justice et de la police en premier ressort. Philippe Auguste, ayant fait bâtir le Grand Châtelet, y établit le siège ordinaire de cette dignité. Tous les jugements qui se rendaient au Châtelet et tous les actes des notaires étaient intitulés au nom du Prévôt de Paris. (Citations faites par SAUVAL, dans l'*Histoire des Antiquités de Paris*, tome II, livre VIII, page 406.)

4. « Les notaires royaux sont aussi du Grand Chastelet ; ausquels seulement il est loisible de passer contracts, donations, testaments, obligations et autres actes concernans les affaires et la foy publique. » (DU BREUL, *Théâtre des Antiquitez de Paris.*)

5. « Je ne sais, dit Crevier, si les officiers subalternes de l'Université devaient faire leur soumission à l'un et à l'autre, à l'*Official* et au *Prévôt*, ou s'ils avaient le choix des deux. On peut aussi penser que, ces actes assurant une protection et une sauvegarde à ceux qui les faisaient, il était de leur intérêt de se présenter aux deux juridictions. » (*Op. cit.*, t. II, p. 490).

En tout cas, les dates constatées dans les actes de ce genre que nous avons pu consulter, ne correspondent point exactement aux époques où soit l'Évêque de Paris soit le Prévôt était le conservateur attitré des Privilèges de l'Université.

6. Voir Document VI, page 25.

ou par une addition à la formule du serment prêté entre ses mains [1], en donnait notification au corps de l'Université, afin qu'une publicité suffisante fît connaître les libraires et les stationnaires auxquels maîtres et écoliers pourraient recourir en toute sécurité.

Les libraires et stationnaires n'obtenaient l'investiture de l'emploi, pour lequel ils se présentaient et étaient agréés, que lorsque, après accomplissement des formalités précédentes, ils avaient comparu en personne et prêté serment entre les mains du Recteur.

La cérémonie de la prestation du serment avait lieu au couvent de Saint-Mathurin [2], en séance générale de l'Université, ou tout au moins par-devant le Recteur, assisté des députés de l'Université. Ces députés comprenaient, outre le Recteur, les Procureurs des Quatre Nations [3] de la Faculté des Arts et les Doyens des Facultés de Théologie, de Droit et de Médecine [4].

---

1. Voir Appendice, page 52, une formule de signification, par le Recteur, à la fois du serment prêté et de la caution fournie.

2. Voir, page 6, note 2.

3. « L'on comprend et divise tous les escholiers (de quelque nation que ce soit) en quatre Nations, pour chacune desquelles un Procureur est tenu de poursuivre les causes et de faire tous autres devoirs dépendans de sa charge.

« La première Nation, dicte de France, est divisée en cinq provinces dictes de Paris, de Sens, de Rheims, de Tours et de Bourges....

« La seconde Nation, qui est dicte de Picardie, est divisée en deux parties ou provinces, dont la première contient les diocèses de Beauvais, Amiens, Noyon, Arras et Thérouanne, et la seconde ceux de Cambray, Tournay, Traiect (*Utrecht*), Laon et Liège.

« La troisième Nation, dicte de Normandie, contient Rouen avec ses suffragants : Avranches, Coustances, Lisieux, Bayeux, Évreux et Séez.

« La quatrième Nation, dicte d'Allemagne (*anciennement d'Angleterre*) est divisée en trois provinces. La première comprend celles de Boëme (*Bohême*), Constance, Polongne, Hongrie, Bavière, Magonce (*Mayence*), Trèves, Strasbourg ou Argentine, Losane (*Lausanne*), Danemarch, Suisse, Basle et Auguste (*Augsbourg*). La seconde, dicte des Bas-Allemands, comprend les pays de Coulongne (*Cologne*), Hollande, Prusse, Saxe, Lorraine, et une partie de ceux du Traict ou Traject (*Utrecht*) et de Liège, dont l'autre partie est de la nation de Picardie... La troisième province ne comprend que l'Escosse, l'Angleterre et Hibernie (*Irlande*). » Du Breul, *op. cit.*, p. 606.

La Nation d'Allemagne avait été primitivement désignée sous le nom de Nation d'Angleterre. V. *Cartulaire de l'Université de Paris*, n° 955, note 1, t. II, p. 407. — Le changement de nom eut lieu vers 1432. V. Crevier, *Histoire de l'Université de Paris*, t. IV, p. 73.

4. « L'Université se composait de quatre Facultés, celles de Théologie, de Médecine, de Droit canon et des Arts ; la Faculté des Arts comprenait elle-même quatre

Par ce serment, les libraires et les stationnaires s'engageaient à respecter et à observer rigoureusement les divers statuts que l'Université avait délibérés et arrêtés pour l'exercice de leur profession. Avant de lever la main vers le Crucifix [1] ou de la poser sur les Saints Évangiles [2], ils entendaient lecture des règlements auxquels ils auraient à rester fidèles. Chacun devait jurer « de son bon gré et bonne voulanté, sans contrainte ou aucune décevance, « de son propre mouvement et certaine science [3] ».

Les obligations communes aux libraires et aux stationnaires, qui sont contenues dans les divers documents de 1275, 1302, 1316, 1323, et 1342, dont nous donnons plus loin la traduction, se résument ainsi d'une manière générale :

Faire toujours preuve de bonne foi et loyauté dans les divers actes que comporte le commerce des livres (1302, page 6 ; 1342, 1°, page 31) ;

Ne point faire, avant un délai d'un mois, de contrat réel ou fictif leur assurant à eux-mêmes la propriété des livres qui leur sont remis pour être vendus (1275, page 2) ;

Ne faire disparaître ni dissimuler aucun livre pour l'acquérir ensuite à leur compte ou le retenir plus longtemps [4] (1275, page 2 ; 1302, page 6 ; 1342, 2°, page 31) ;

Estimer et déclarer consciencieusement, moyennant salaire, le prix juste et raisonnable de chaque livre (1275, page 3 ; 1302, page 7 ; 1342, 3°, page 31) ;

Mentionner le prix de l'ouvrage et le nom du vendeur à un endroit du livre bien en vue (1275, page 3 ; 1302, page 7 ; 1342, 4°, page 31) ;

Ne point attribuer le livre en toute propriété, lorsqu'ils ont trouvé acquéreur, ne le transmettre à l'acheteur et n'en faire payer le prix, qu'après avoir

---

Nations, celles de France, de Normandie, d'Angleterre ou d'Allemagne et de Picardie. » JOURDAIN, *Histoire de l'Université de Paris au* XVIIe *et au* XVIIIe *siècle*, Avertissement, v.

« La première faculté et la principale, dont le corps de l'Université de Paris est composé, est celle des Arts, pour ce qu'elle a esté la première institutrice de toute l'Eschole. En reconnaissance de quoy, le Chef de toute l'Université, qui est appelé Recteur, est toujours eleu de son corps et non jamais de ceux des autres. » DU BREUL, *Théâtre des Antiquitez de Paris*, 1612, p. 595.

1. Voir Document VI, page 25.

2. Voir Document IX, page 31. — Le *Mémoire pour l'Université de Paris contre certains prétendus règlements de l'année* 1686, *touchant les Imprimeurs, Libraires et Relieurs* (dans le Recueil factice déjà cité), contient, page 3, la citation suivante : « *Au livre de Recteur, fol.* 133 : Tout libraire, avant d'être admis à l'exercice de son office et d'être reçu comme tel, sera tenu de prêter serment *sur les Saints Évangiles*, en séance générale de l'Université ou entre les mains du Recteur. ».

3. Formule tirée du double acte de serment et de caution dressé par le Prévôt de Paris au profit du stationnaire Henry Luillier (V. APPENDICE, page 50).

4. Soit pour en faire ainsi baisser le prix par une prétendue difficulté d'en trouver le placement, soit pour en prendre copie.

informé le vendeur ou son mandataire de la somme qu'il aura à toucher et l'avoir avisé de venir la recevoir (1275, page 3; 1302, page 7; 1342, 5°, page 31);

Déclarer sincèrement le prix qui est offert pour les livres à vendre (1275, page 3; 1302, page 7; 1342, 6°, page 32);

Ne commettre ni dol ni fraude qui pourrait porter préjudice aux études ou aux étudiants (1275, page 3; 1302, page 8; 1342, 14°, page 33);

Ne réclamer à l'*acheteur*, pour leur salaire ou bénéfice, que *quatre* deniers par livre et proportionnellement par fraction de livre, s'il est maître ou écolier de l'Université; — *six* deniers par livre, s'il est étranger[1] (1275, pages 3-4; 1302, page 7; 1342, 9°, page 32);

Employer tous leurs soins et efforts à ne posséder que des exemplaires en bon état et corrects (1275, page 4; 1302, page 8; 1316, art. 7 et 8, page 21; 1342, 11°, page 33);

N'exiger rien au delà de la taxe fixée par l'Université (1275, page 4; 1302, page 8; 1316, art. 5, page 20; 1342, 12°, page 33);

Ne prélever qu'une rémunération équitable et modérée sur les exemplaires non taxés (1275, page 4; 1302, page 8; 1342, 13°, page 33);

Placer aux vitres de leur boutique, en un endroit bien visible, un tableau en parchemin, indiquant d'une écriture très nette les exemplaires à vendre avec le prix taxé (1302, page 8; 1342, 15°, page 33);

Révéler à l'Université toute infraction aux règlements qui serait portée à leur connaissance (1316, art. 16, page 24).

En outre, les stationnaires étaient tenus :

De ne prendre aucun clerc pour les aider dans la copie des manuscrits, avant que celui-ci n'eût juré par-devant le Recteur de bien s'acquitter de ses fonctions (1316, art. 2, page 19);

De ne donner à personne connaissance d'un exemplaire non encore taxé, avant de l'avoir présenté à l'Université et de l'avoir fait taxer (1302, page 9; 1316, art. 3, page 19; 1342, 16° et 18°, pages 33 et 34);

De remettre, moyennant gage, les exemplaires qu'ils détiendront, à toute personne qui les leur demandera, même pour en faire une copie[2] (1316, art. 4 et 6, page 20);

De ne se servir que d'exemplaires corrects (1342, 11°, page 33).

Dans le cas où les exemplaires, que les stationnaires produisaient et mettaient en circulation, étaient reconnus défectueux et incorrects, ils encouraient la peine d'une amende au profit de l'acheteur lésé (1316, art. 8, page 21).

Afin de garantir une plus grande publicité aux exemplaires mis à leur disposition pour la vente, libraires et stationnaires étaient tenus de les

---

1. Voir, page 4, note 1; page 7, note 1; et, page 32, note 3.
2. Ce qui était en opposition avec le principe, aujourd'hui universellement reconnu, de la propriété littéraire. Voir, page 20, note 1.

exposer pendant quatre jours de sermons chez les Frères Prêcheurs[1] (1316, art. 11, page 22; 1342, 7°, page 32)[2].

La vente devait s'effectuer non seulement avec le consentement du vendeur, mais encore en sa présence; et, s'il en était requis, le libraire ou stationnaire était obligé de présenter l'acheteur (1316, art. 12, page 22).

Enfin, aux termes d'un Règlement du [12 novembre ou décembre[3]] 1403, « le libraire juré, s'il vient à savoir qu'un étranger a apporté à Paris des livres pour les vendre, doit immédiatement ou dans le plus bref délai possible, en informer le Recteur, afin que celui-ci puisse juger quelle décision il serait utile de prendre à l'égard de ces livres dans l'intérêt commun des Maîtres et des Écoliers[4] ».

Peu satisfaits des entraves mises à la liberté de leur commerce et de la commission, jugée insuffisante, que la taxe universitaire leur accordait sur les ventes ou locations de manuscrits, les libraires et stationnaires avaient cherché à éluder les règlements et à recueillir, par des moyens détournés, un gain plus considérable. L'Université, prévenue par les intéressés ou informée de ces agissements par ses quatre grands libraires, prit des mesures en conséquence. Dans le statut du 6 octobre 1342 (10°, pages 32-33), elle introduisit une clause interdisant aux libraires de « convenir, par eux-mêmes ou par d'autres, « directement ou indirectement, d'aucun pot-de-vin en sus du prix taxé, et « de différer la vente d'un livre en cherchant à en surfaire plus ou moins « le prix pour leur pourboire ». Ainsi étaient déjouées les ruses et les manœuvres employées par quelques libraires en vue d'exciter les désirs et de lasser la patience de l'acheteur, qui, pour s'assurer la possession d'un manuscrit recherché et se le faire livrer ou prêter de préférence à tout autre, consentait à offrir ou du moins se résignait à payer (non sans réserve de se plaindre à qui de droit) un prix plus élevé que celui de la taxe officielle.

Il était dressé procès-verbal de la prestation du serment par les libraires et les stationnaires[5]. Le Recteur, alors en exercice, était tenu de consigner

---

1. Voir, page 22, note 2.

2. Voir aussi (APPENDICE, page 55) les lettres patentes de Charles VI, en 1411, où il n'est parlé que de *trois* sermons.

3. Les deux mois se trouvent indiqués dans les documents où nous avons rencontré des dispositions isolées de ce Règlement, dont le texte complet n'a pas été conservé, mais qui paraît avoir reproduit en très grande partie le Règlement de 1342.

4. *Répliques de l'Université aux responses faites par les soy-disants syndic et adjoints, etc., à propos des lettres patentes de* 1649, pages 15-16, dans le Recueil factice déjà cité.

5. Voir le Document XIII, APPENDICE, page 49. — Cet acte de prestation de serment porte la date du 8 juin 1351; d'autre part, nous avons l'acte de caution du même libraire, passé en juillet 1350 (APPENDICE, Document XII, page 48). Presque une année s'était donc écoulée entre les deux formalités, pour des motifs qui ne nous sont pas connus, soit qu'il n'y eût point de place vacante et que l'acte de caution ne fût qu'une mesure de prévoyance de la part de l'aspirant à l'office de libraire,

sur un registre, à la date régulière de réception, le nom de celui qui venait de prêter serment; puis il signifiait à tous ceux que cela intéressait[1] l'accomplissement d'une formalité qui venait parfaire toutes les conditions prescrites pour l'exercice d'un emploi admettant le titulaire au rang de suppôt et officier de l'Université. En lui donnant ainsi l'investiture, le Recteur, dans le certificat qu'il délivrait, déclarait qu'au nom de l'Université, il lui accordait, autant qu'il était en son pouvoir, l'autorisation d'acheter et de vendre des livres à Paris et ailleurs, conformément aux règlements en vigueur[2] et le plaçait sous la protection de l'Université.

Ce n'était pas seulement au moment de l'entrée en charge, que la formalité du serment était exigée. Ce serment devait être renouvelé chaque année, ou au moins tous les deux ans, ou même à toute réquisition de l'Université[3]. En effet, celle-ci avait intérêt à rafraîchir la mémoire des libraires et des stationnaires par une nouvelle lecture des statuts et règlements, afin qu'ils ne pussent s'excuser de leurs fautes sur l'oubli ou même l'ignorance de certaines prescriptions[4]. Elle les tenait mieux ainsi sous son contrôle et sous sa dépendance, et trouvait, lors des convocations de ce genre, l'occasion de priver de leur office ceux dont elle avait à se plaindre pour infraction à ses règlements ou pour défaut de capacité, ou qui se refusaient à prêter de nouveau serment devant le Recteur[5]. Ainsi, par exemple, le 23 novembre 1370 l'Université, dans son assemblée générale tenue à Saint-Mathurin, fut appelée par le Recteur à délibérer sur la punition des libraires qui avaient commis des fautes dans l'exercice irrégulier de leur office, puis, après avoir prononcé les peines qu'ils méritaient, sur leur admission à nouveau et sur l'admission d'autres libraires exerçant le même office; tous durent renouveler, en présence de l'assemblée, les serments relatifs à leurs obligations et les cautions qu'ils avaient à fournir comme garantie des livres qui leur seraient confiés pour la vente[6].

---

soit qu'il y ait eu à cette époque, entre l'Université et la corporation, quelques difficultés qui aient fait retarder la tenue de l'assemblée où la formalité du serment devait être accomplie.

1. Voir Document VI, page 24, et Document IX, page 34, des listes de libraires et de stationnaires ayant prêté serment, publiées officiellement au nom de l'Université. Voir aussi à l'APPENDICE, page 49, une formule d'attestation de serment, délivrée par le Recteur.

2. « La déclaration de Charles VI dit en termes exprès : Il n'appartient qu'à l'Université et non à autre, de mettre et instituer tous les Libraires vendant et acheptant livres soit en Français soit en Latin, et d'iceux Libraires recevoir le serment accoustumé en tel cas. » *Mémoire pour l'Université de Paris contre certains prétendus règlements de l'année* 1686, *etc.*, page 3, dans le Recueil factice déjà cité.

3. Voir Document I, page 1, et Document IX, page 30.

4. Voir Document IX, page 30.

5. Voir, page 13, le Document IV, à la fin duquel sont signalés les libraires et les stationnaires qui, n'ayant pas renouvelé leur serment, sont exclus de tout commerce avec les maîtres et écoliers.

6. *Actes concernans, etc.*, p. 14.

Faisant corps avec l'Université, les libraires et stationnaires devaient répondre aux appels qu'elle leur adressait, quand elle jugeait à propos de les convoquer. Ils étaient tenus d'assister à ses processions les jours des principales fêtes de l'Église qu'elle célébrait plus particulièrement ou dans les occasions solennelles où elle en organisait[1].

Ces divers règlements de l'Université de Paris, bien que justifiés par l'intérêt des études, étaient sévères et rigoureux. Néanmoins le stationnaire et le libraire conservaient encore à Paris une indépendance relative, une certaine initiative, sous la réserve de rester fidèles aux serments qu'ils avaient prêtés. Malgré la soumission qu'ils devaient à l'Université, et quoiqu'ils fussent « séparés des arts mécaniques et des autres corps de métiers », on peut les considérer comme de véritables commerçants. Ils n'étaient point en effet, de même qu'à Bologne[2], des commis, des gardiens à traitement éventuel ; mais, sous la protection de leur mère l'Université, ils conservaient, tout en se montrant fils respectueux, leur personnalité.

Les libraires et stationnaires, sur lesquels l'enquête universitaire avait été favorable, qui avaient fourni bonne et valable caution, qui s'étaient soumis

---

1. Cette obligation n'est formulée que dans un acte du 23 juillet 1566, qui constate que les libraires jurés se sont engagés par serment à assister aux processions de l'Université ; ce n'est aussi que le 12 janvier 1567 qu'il est fait mention d'une amende infligée à des libraires qui n'avaient point pris part à des prières publiques (*Actes concernans, etc.*, pages 31 et 32). Mais il est à présumer que c'était là un ancien usage ; et, s'il n'a pas sa place dans les statuts que nous reproduisons, il devait faire l'objet d'un règlement particulier, fixant, en dehors des devoirs professionnels des libraires, les autres obligations des suppôts et officiers de l'Université. C'est ce qui résulte de la citation suivante : « Tous ceux qui impriment, vendent et acheptent des livres sont Supposts de ladite Université, et comme tels sont encore à présent appellez à haute voix dans l'Église des Mathurins toutes les fois que le Recteur fait sa Procession générale, à laquelle ils sont obligez d'assister, aussi bien que tous les autres Ordres qui sont du Corps de l'Université, ou pour le moins les Officiers en charge s'y doivent trouver ». *Addition aux griefs que l'Université de Paris a cy-devant mis entre les mains de M. de Harlay, conseiller d'Estat.... contre certains imprimez intitulez du nom de Règlements pour les Libraires, Relieurs et Imprimeurs, faits en l'année* 1686, page 2, dans le Recueil factice déjà cité.

2. Voir, page XVII, note 3.

aux serments prescrits, et auxquels le Recteur avait délivré des « lettres de congé et licence », munies du sceau de l'Université, étaient placés, en qualité de libraires et de stationnaires jurés[1], sous la protection de l'Université, dont ils partageaient les privilèges avec leur famille[2].

Le nombre des *libraires jurés* a varié. Le Document VI (du 4 décembre 1316) ne signale que **13** noms; c'était, il est vrai, une époque tourmentée; car le 12 juin précédent, l'Université avait dû publier une liste de **22** anciens libraires ou stationnaires, en faisant défense à tous maîtres et écoliers de leur remettre ou acheter aucun livre, parce qu'ils s'étaient refusés à prêter serment; et le 26 novembre de la même année, l'acte de prestation de serment de Geoffroy de Saint-Léger, qui fait toutes ses réserves, constate que les engagements qu'il prend seront réputés nuls et de nul effet « si tous « les autres libraires, qui sont actuellement en exercice ou seront admis « à cet emploi dans l'avenir, refusent de s'obliger dans la même forme envers « l'Université, ou si ladite Université ne les y contraint ou ne peut les y « contraindre et amener[3] ».

Le document du 26 septembre 1323 énumère **28** libraires (ou **29**, si l'on compte séparément l'épouse de Pierre de Péronne[4]).

Le 6 octobre 1342, **28** libraires et stationnaires jurés se trouvent également cités.

En 1368, les lettres patentes de Charles V, accordées pour la dispense du guet et de la garde des portes, mentionnent **25** libraires ou écrivains jurés[5].

Au XVe siècle, le nombre des libraires jurés sera ramené à **24**; ce que prouvent, dès le 18 avril 1448, les actes de caution de Jean Le Roy, Denys Tronchard et Jean Pocquet Laisné[6], désignés comme libraires jurés en l'Université de Paris, *du nombre des vingt-quatre;* et ce que confirment plus tard les lettres patentes de Charles VIII, en mars 1488[7].

---

1. « Les vingt-quatre jurez, qui composaient la librairie de Paris,... n'étoient appelez jurez que parce qu'ils prêtoient serment [à l'Université] en qualité de ses Officiers, dépendans d'elle et choisis par elle-même. » CHEVILLIER. *op. cit.*, p. 345.

2. La *famille* doit ici s'entendre de l'épouse et des enfants, et tout au plus des ascendants lorsqu'ils habitaient le même domicile.

3. Document IV, page 13, et Document V, page 15.

4. Voir à la suite du Document VII, page 28.

5. Voir (APPENDICE, Document XI, page 43) le texte complet des lettres patentes de Charles V (5 novembre 1368), qui donnent les noms des 25 libraires ou écrivains jurés de l'époque, ainsi que des autres suppôts de l'Université se rattachant à la production et au commerce des manuscrits.

6. Voir page 42.

7. A côté des 24 libraires, comptaient, en 1488, comme suppôts de l'Université, 2 enlumineurs, 2 relieurs, 2 *écrivains de livres*. Il y avait dix-huit ans à cette époque que l'imprimerie était établie à Paris; le nouvel art commençait à se développer et diminuait considérablement l'importance des enlumineurs et des écrivains de livres; les uns et les autres n'ont plus que deux représentants en titre dans le corps de l'Université, alors qu'en 1368 les enlumineurs en comptaient 15, et les écrivains 11. Remarquons toutefois que les imprimeurs ne sont point encore dé-

La majorité des libraires jurés! était de nationalité française; mais les étrangers pouvaient être également admis à remplir cet office. Comme le nombre des écoliers, appartenant à des nations étrangères, était considérable, il y avait, malgré l'usage universel du latin, intérêt à leur faciliter l'achat et la location des livres nécessaires à leurs études par l'intermédiaire de libraires ou stationnaires connaissant leur langue. De plus, la présence d'étrangers dans le corps des libraires à cette époque permettait et assurait les échanges de manuscrits qui pouvaient s'établir entre l'Université de Paris et les Universités ou Écoles existant hors de France[2].

---

nommés dans les lettres de 1488, et semblent compris sous la rubrique unique de libraires. L'expression « écrivains de livres » désigne, à ce moment, des copistes, et non plus les anciens *stationnaires*, dont la profession n'avait plus de raison d'être, et dont le nom avait déjà presque complètement disparu, depuis quelque temps, de l'usage et même des actes.

Les lettres de 1488 sont le premier document officiel indiquant le nombre de *vingt-quatre* libraires. Aussi le *Mémoire pour l'Université de Paris contre certains prétendus Règlements de l'année* 1686, etc. (dans le Recueil factice déjà cité) contient-il, page 4, le passage suivant : « Auparavant Charles VIII, tous les Officiers et Suppôts de l'Université estoient privilégiez ; ce Prince, voyant que le nombre en estoit trop grand, il en fit une réduction, et entr'autres, à *vingt-quatre libraires.* » Le nombre de 24 libraires restera le même jusqu'au milieu du XVIIe siècle. Voir, sur ce point, les *Lettres obtenues par aucuns imprimeurs, etc., en* 1649, et les *Moyens d'opposition présentés par l'Université,* dans le Recueil factice déjà cité. Dès 1618, de nouveaux règlements obtenus du roi par les imprimeurs, libraires et relieurs, sans le consentement de l'Université, qui ne les reconnut pas, avaient eu pour but de supprimer le nombre restreint de 24 libraires jurés, et d'étendre indistinctement à tous libraires, imprimeurs et relieurs, la jouissance des privilèges de l'Université ; mais en même temps la création, immédiatement réalisée, d'un syndic et d'adjoints, en opposition avec les quatre grands libraires jurés, avait déjà marqué un commencement de séparation entre l'Université et les libraires.

1. « Ces libraires n'estoient des ignorants, mais fort sçavans en toutes sortes de sciences, comme le tiltre qu'ils portoient de *clercs libraires* le tesmoigne : qui leur estoit encor donné en reconnaissance de leur capacité, en l'an 1332, comme il est porté par un contrat passé par devant deux Notaires, par lequel Geoffroy de Saint-Léger, l'un de ces clercs libraires et qualifié tel, recognoist et confesse avoir vendu, ceddé, quitté et transporté, vend, cède, quitte et transporte, soubs hypothecque de tous et chacun ses biens et garantie de son corps même, un livre intitulé *Speculum historiale in consuetudines Parisienses*, divisé et relié en quatre tomes couvers de cuir rouge, à noble homme Messire Gerard de Montagu, advocat du Roy au Parlement, moyennant la somme de *quarante livres Parisis*, dont ledit libraire se tient pour content et bien payé. » DU BREUL, *op. cit.*, p. 608.

Nous avons reproduit ce passage en entier, parce qu'il nous met au courant des curieux usages du commerce de la librairie à cette époque ; le libraire donnait à son acheteur toutes ces garanties, non seulement pour répondre de l'état complet de l'ouvrage, mais aussi et surtout pour témoigner qu'il en était le légitime propriétaire ou le dépositaire autorisé et avait droit de le céder. Il y a ici, en outre, un nouvel exemple du prix des manuscrits au XIVe siècle ; 40 liv. Par. représentaient alors, d'après les tables de NATALIS DE WAILLY (*op. cit.*), la somme de 916 francs.

2. Plus tard la situation changera avec les circonstances. Le Règlement de 1686

Il était permis également aux femmes ·d'exercer la profession de libraire ou stationnaire juré; c'est ainsi que nous trouvons mentionnées dans les documents soit certaines épouses, concurremment avec leurs maris[1], soit plusieurs veuves[2].

Parmi les *libraires jurés* il existait deux degrés : les uns obtenaient l'office de *grand* ou *principal libraire* (*officium magni librariatus*), les autres celui de *petit libraire* (*officium parvi librariatus*). Ces derniers étaient les plus nombreux ; c'étaient les simples libraires jurés[3].

Il n'y avait que quatre grands libraires ou libraires principaux; l'Université les désignait chaque année, maintenant les titulaires en charge, ou en choisissant de nouveaux, à sa convenance[4]. Leurs fonctions consistaient surtout à taxer le prix des livres[5], ce dont ils étaient chargés à l'exclusion de toute autre personne; mais ils devaient aussi prendre des informations, au nom de l'Université, sur les qualités et aptitudes des aspirants au titre de libraire juré, et rendre témoignage de leurs capacités[6]. Ils avaient, en outre, à surveiller les agissements des simples libraires, à visiter de temps en temps leurs boutiques, à déclarer au Recteur les infractions aux règlements universitaires qu'ils constataient, à faire, en présence des députés de l'Université, la visite des livres venus du dehors[7]. Ils étaient encore investis de

---

portera en son article XL : « Tous compagnons *étrangers* seront exclus de la Maistrise. »

1. Voir pages 16, 28, 38, 40; et à l'APPENDICE, Documents XII et XIII. pages 48 et 49.

2. Pages 28, 38, 39. — Voir dans le *Catalogue chronologique des libraires et des libraires imprimeurs de Paris*, par LOTTIN, pages IV et V et notes 4 et 5 dans l'Avertissement, l'éloge que fait l'auteur de plusieurs veuves ayant honorablement exercé la profession de libraire et même d'imprimeur depuis le XVIe siècle.

3. CHEVILLIER, *op. cit.*, p. 345.

4. Voir Document VI, art. 9, 10 et 14, pages 21 et 23, et Document IX, page 35. De ce dernier document, il résulte que les fonctions de grand libraire pouvaient être attribuées, en dehors des titulaires de l'office de libraire-juré, à un serviteur juré de l'Université.

5. Document VI, art. 9, page 21, et Document IX, 8º, page 32. — Chaque grand libraire prête le serment « que bien justement et loyaument tous les livres, qui montrez lui seront, à son pouvoir taxera et prisera, ledit office gardera, fera, exercera bien et loyaument, sans fraude ni faveur, et à ladite Université obéira, et l'ordonnance de libraire juré gardera bien et loyaument sans enfreindre. » Voir à l'APPENDICE le Document XIV, page 51.

6. CHEVILLIER, *op. cit.*, p. 347.

7. Dans ses *Répliques, etc., à propos des lettres patentes de décembre* 1649, qui confiaient (art. XIII) à la Chambre de la Communauté des Libraires le soin de visiter « les livres venus de dehors la Ville de Paris », l'Université (pages 15 et 16) s'appuyant sur « la grande capacité nécessaire pour voir et discerner les livres » demandera que « conformément à ses Statuts et Arrests du Parlement, cette visite soit faite par ses quatre principaux Jurez, en présence de personnes sçavantes, par elle députez pour assister aux visites des livres ».

D'après l'arrest du 1er juillet 1542, voici quelle était en ce cas la procédure suivie : « Et selon la science et qualité dont lesdits livres seront, lesdits quatre Libraires Jurez advertiront le Recteur de l'Université de Paris et Doyens des trois

pleins pouvoirs pour réclamer des gages à ceux qui voulaient exercer l'emploi de libraire ou de stationnaire sans avoir prêté serment à l'Université[1].

La caution exigée des quatre grands libraires s'élevait à 200 livres Parisis[2]; car ils avaient à répondre non seulement des actes commerciaux ordinaires à leur profession, mais encore du préjudice qu'ils pouvaient causer à l'Université ou à autrui en ne remplissant pas avec conscience leurs diverses et délicates fonctions. Par contre, ils jouissaient d'avantages particuliers. Outre la situation honorable qu'ils tenaient de leur titre même, ils étaient admis, seuls parmi les libraires jurés, à participer au privilège d'exemptions extraordinaires accordées à l'Université[3].

Si l'Université était jalouse de ses droits et de son autorité, elle se montrait également soucieuse des intérêts de ses suppôts et officiers. Afin de mieux

---

Facultez d'icelle pour voir et visiter lesdits livres. Et à cette fin sera tenu le Recteur committre pour la visitation des Livres de Grammaire, Logique, Rhetorique, Philosophie et Lettres humaines, deux Maistres ès Arts, bons personnages, sçavans et non suspects. Et quand aux livres concernans la Theologie et Religion Chrestienne, la Faculté d'icelle commettra aussi deux notables Docteurs vacans de toute suspicion pour voir et visiter lesdits livres. Et la Faculté de droit Canon en commettra aussi deux autres non suspects pour la visitation des livres en droict Canon et Civil. Et pareillement la Faculté de Médecine, quant aux livres de Médecine pour visiter lesdits livres. »

1. Voir Document VI, art. 14, page 23, et Document IX, page 36.

2. L'acte de caution de Michel du Riez, maître ès arts, licencié en lois et bachelier en décret, fait et créé l'un des quatre libraires principaux de l'Université, porte (14 octobre 1408) : « Et pour ce qu'il est accoustumé que iceux jurez à leur création baillent caution de deux cens livres Parisis.... » (*Actes concernans, etc.*, page 21). — D'après les tables de NATALIS DE WAILLY, c'était pour l'époque une somme de 2 445 francs, 70 cent.

3. Les Lettres patentes, données à Paris le 27 octobre 1418 par Charles VI et portant exemption des droits d'entrée du vin, ne comprennent, dans l'énumération expresse de ceux des suppôts de l'Université admis à en jouir, que « les quatre principaux libraires, c'est à sçavoir M. *Olivier de l'Empire, Michel du Ris, Jean Marlées, Geoffroy Doué,* subrogé au lieu de M. *Regnault du Montet* absent». Un peu plus tard, sous Charles VII, le 2 septembre 1437, les quatre principaux libraires sont seuls exemptés « de l'aide ou emprunt nouvellement mis sus en nostre bonne ville de Paris pour la recouvrance de nos Villes et Chastel de Monstreau ou Faut-Yonne ». (*Recueil des Privilèges de l'Université de Paris,* 1674, pages 89 et 95). — Il est curieux d'observer qu'en 1418, la jouissance exceptionnelle du privilège est accordée, au moins momentanément, au libraire suppléant qui tient la place du véritable titulaire, pendant l'absence de celui-ci. C'est donc bien à l'exercice même des fonctions, non à la personne, que le privilège est attaché.

obtenir des libraires et des stationnaires les services qu'elle en **attendait**, elle cherchait à se les attacher par les avantages que leur offrait l'exercice de leur emploi, et voulait leur assurer des ressources qui leur permissent de pourvoir suffisamment à leur existence [1]. Elle garantissait à ses libraires et stationnaires jurés un véritable monopole; car la profession de libraire ne pouvait être exercée en dehors de son autorité et de sa surveillance que dans une mesure des plus étroites. Elle défendait en effet à tous ceux qui n'étaient point au nombre des libraires jurés de mettre en vente aucun livre qui fût d'une valeur supérieure à dix *sols* [2]; en même temps elle leur interdisait d'être sédentaires et de tenir boutique [3]. Tout le commerce de quelque importance était donc réservé aux officiers de l'Université; il n'y avait, en dehors d'eux, que des colporteurs, des revendeurs [4], des étaleurs sans boutique et sans siège [5]. Les manuscrits, que ceux-ci avaient l'autorisation de détenir et d'offrir en vente, étaient d'un prix tellement minime qu'il ne s'agissait pour ainsi dire que de feuillets isolés de parchèmin; l'objet de leur commerce ne comprenait, par conséquent, aucun manuscrit qui méritât ce nom, mais bien ce que, de nos jours, nous appelons, par rapport aux livres, de simples *plaquettes*. Dans cette catégorie, ne se trouvaient probablement que la reproduction des prières les plus usuelles de l'Église, le *Pater*, l'*Ave*, le *Credo*, quelques fragments de calendriers, en un mot les opuscules que l'Église avait intérêt à répandre et à mettre à la portée de tout le monde, ou que leur insignifiance même écartait de tout trafic sérieux.

L'Université protégeait ses libraires jurés contre quiconque cherchait, en opposition avec ses règlements, à porter atteinte au monopole qu'elle avait établi en leur faveur. Elle faisait entendre ses plaintes au roi et sollicitait l'octroi de lettres patentes, qui, rappelant ses propres privilèges, l'armaient d'une autorité plus certaine contre les délinquants. C'est à la suite d'une démarche de ce genre que Charles VI, le 20 juin 1411, adressa au Prévôt de Paris les lettres qui sont reproduites in extenso à l'APPENDICE [6], et en vertu desquelles il est expressément défendu « aux frippiers, merciers, ferrons, pelletiers, vendeurs et venderesses de quelconques autres denrées » de vendre ou acheter pour revendre aucuns livres, soit en français, soit en latin.

---

1. Document IV, page 11.

2. *Dix sols* représentaient 10f 13 en 1316, d'après NATALIS DE WAILLY, *op. cit.;* c'était une bien modique somme, en comparaison de la valeur des manuscrits sérieux.

3. Document VI, art. 15, pages 23-24.

4. « Anciennement il n'y avait que les 24 Jurez qui eussent droit de tenir boutiques; tous les autres n'estoient que revendeurs. » *Additions aux griefs, etc.*, p. 6, dans le Recueil factice déjà cité.

5. CREVIER, *op. cit.*, t. II, p. 288.

6. Voir Document XVII, page 55.

Toutefois les libraires et stationnaires jurés ne sont appelés à l'honneur d'être les suppôts de l'Université et à l'avantage de jouir de ses privilèges que parce qu'ils ne sont point, en raison des rapports de leur profession avec les besoins intellectuels, considérés comme faisant partie des autres corps de métiers et comme artisans [1] ; ils forment une classe à part. Aussi ne doivent-ils pas sortir de leur situation exceptionnelle, pour se livrer simultanément « à de viles occupations [2] ». Le libraire juré pouvait bien être notaire, ainsi que nous le constatons dans le Document VI [3] ; il pouvait être aussi avocat du roi au Parlement de Paris, comme on le voit par un acte du 21 juin 1488 [4]. Mais il fallait, pour qu'un pareil cumul fût autorisé et accepté, que la seconde profession ne fût pas susceptible de déshonorer celle de libraire, qu'elle comptât au moins parmi celles qui, de nos jours, sont appelées les professions libérales. Autrement, le titulaire s'exposait à être déclaré déchu de son « noble office ».

Il était toutefois permis, non seulement d'exercer en même temps, comme nous l'avons vu, la double profession de stationnaire et de libraire, mais d'y

---

1. « Les Marchands Libraires, Imprimeurs et Relieurs seront toujours censés du corps de nostre bien-aymée fille aisnée l'Université ; *du tout séparés des Arts mechaniques, et autres Corps de Mestiers ou Marchandises;* et comme tels conservés en la jouissance de tous les droicts, privileges, franchises, libertez, preseances et prerogatives attribuées à ladite Université, et à eux par les Roys nos predecesseurs, et par nous. » *Lettres obtenues par aucuns des Imprimeurs et Libraires de Paris en l'année* 1649, *art.* Ier, page 3, dans le Recueil factice déjà cité.

2. Les *Actes concernans,* etc., page 34, contiennent à cet égard un document de 1568, qui nous apprend que le 17 septembre de cette année, l'Université cita à comparaître devant elle le libraire Pierre Ricouart, parce qu'il exerçait en même temps l'état de *mesureur de charbon de la Ville de Paris;* il lui fut ordonné d'avoir à quitter, dans un délai de trois mois, l'exercice du métier de charbonnier et de reprendre sa boutique de libraire dès la Saint-Rémi (1er octobre), sous peine de perdre ledit office. — Le même recueil contient, page 25, une décision qui fut prise, le 19 juin 1456, par l'Assemblée générale de l'Université, et en vertu de laquelle devaient être cités et réprimandés les libraires qui n'exerçaient pas dûment leur office, et principalement ceux qui se mêlaient de viles occupations (*maxime illi qui se immiscent ministeriis vilibus*).

3. Page 24.

4. Cité par CHEVILLIER, *op. cit.,* p. 345. « L'Université s'assembla à Saint-Mathurin, à sept heures du matin, pour conférer un office de simple libraire juré, auquel elle avait à pourvoir par suite du décès de Michel de Pons, *en son vivant avocat du roi en la Cour du Parlement.* » Cet acte se trouve reproduit dans les *Actes concernans,* etc., p. 27.

joindre celle d'enlumineur, celle de relieur, celle de parcheminier ou celle de papetier[1] ; c'étaient là des professions qui se touchaient de près et dont l'exercice était également utile à la production des manuscrits et à l'intérêt des études.

Malgré les avantages qui ressortaient de la protection de l'Université, l'esprit d'indépendance, peut-être d'indiscipline, s'emparait, à certaines époques, des libraires et des stationnaires. Ils protestaient contre les obligations qui leur étaient imposées; mais la menace d'être destitués de leur qualité d'officiers de l'Université, de leur titre de libraire ou stationnaire juré, auquel ils devaient des privilèges, libertés et franchises, qui, nous l'avons vu, n'étaient pas des moindres, étouffait rapidement en eux les velléités d'insubordination; ou, s'ils s'y laissaient aller, ils ne tardaient pas à apprécier la perte qu'ils avaient faite et à rentrer au sein de l'Université pour jouir de ses maternelles faveurs. C'est ainsi que, pendant toute la durée du moyen âge, l'Université eut une pleine autorité sur tous ceux qui s'occupèrent de la production, de la location, de la vente ou de l'achat des manuscrits.

Cette autorité lui restera encore pendant quelque temps après l'invention de l'imprimerie, alors que cet art merveilleux aura fourni le moyen de multiplier à l'infini et à peu de frais les exemplaires de chaque ouvrage. L'Université continuera à contrôler, sinon la correction matérielle des exemplaires, du moins, par la censure, la valeur morale et orthodoxe des œuvres, à couvrir de sa protection les imprimeurs, substitués aux écrivains, et les libraires maniant de véritables livres au lieu de manuscrits. Mais son influence commencera à être menacée dès 1618 par le désir d'indépendance des libraires qui obtiennent à cette époque un syndic et des adjoints, au détriment des quatre grands libraires de l'Université; elle sera vivement attaquée au milieu et à la fin du XVIIe siècle[2] pour s'effacer pendant le XVIIIe, surtout devant les empiétements du pouvoir royal, et disparaître définitivement en 1789, lors de la Révolution.

---

1. Consulter la 3e colonne du tableau reproduisant la liste chronologique des stationnaires et des libraires, page 59.

2. Un document de 1652 constate que quelques libraires et imprimeurs « taschent de se soustraire de la direction de l'Université; que la Faculté de Theologie par ses censures, l'Université par ses décrets et même le Parlement par ses arrêts n'en ont pu arrêter le cours. » *Sommaire des moyens d'opposition de l'Université aux lettres de* 1649, p. 6, dans le Recueil factice déjà cité.

Après une période de liberté absolue, la réglementation de la librairie et de l'imprimerie a reparu en 1810, mais cette fois nettement au profit du pouvoir central, et sans qu'il fût question de privilège de juridiction ou d'exemption d'aucune sorte. De 1810 à 1870, la librairie et l'imprimerie ont été soumises à l'obligation d'un brevet et à des lois spéciales de police, et le nombre de ceux qui pouvaient exercer ces professions a été réglé et limité.

Le décret du 10 septembre 1870 a proclamé de nouveau le libre exercice des professions de libraire et d'imprimeur, et la loi du 29 juillet 1881, effaçant les dernières traces des mesures de méfiance et de police qui subsistaient encore à l'égard des imprimeurs et des libraires, se contente de prescrire l'indication nécessaire du nom de l'imprimeur, qui est la sauvegarde du travail national, et l'obligation du dépôt, qui, en même temps qu'un service rendu à nos collections nationales, est une garantie du respect de la propriété littéraire.

DOCUMENTS PUBLIÉS

CHARTULARIUM UNIVERSITATIS PARISIENSIS

TRADUCTION

I

Règlement de l'Université de Paris concernant les Libraires ou les Stationnaires.

[Cartulaire de l'Université de Paris, n° 462, Tome I, page 532.]

Paris, 8 décembre 1275.

Il est reconnu que le champ qui produit les fruits les plus abondants est celui auquel le cultivateur consacre les soins les plus prévoyants. Aussi nous [Université de Paris], qui travaillons dans le champ du Seigneur pour en recueillir les fruits précieux au centuple, avec la grâce de Dieu, par les vertus et par la science, — afin de nous soustraire aux torts et aux obstacles que nous aurions à redouter de la part de ceux-là surtout qui, autour des Écoles de l'Université, se livrent, par désir du gain, à des actes malhonnêtes dans leurs opérations commerciales et dans l'exercice de leur profession, — délibérons et arrêtons que les *stationnaires*, vulgairement appelés *libraires*, devront, une fois chaque année, ou au moins tous les deux ans, ou même à toute réquisition de l'Université, prêter en personne le serment[1] de recevoir

---

1. Même obligation était imposée aux stationnaires de Bologne. Ils « doivent

1

les livres qui leur seront remis pour la vente, de les garder
en dépôt, de les exposer en vente, de les vendre, en se
comportant avec bonne foi et loyauté dans tout acte de leur
profession auprès des Écoles.

Attendu que quelques-uns desdits libraires, par une insa-
tiable cupidité, mécontentent les étudiants et compromettent
l'intérêt des études; — qu'ils empêchent les écoliers de se
procurer les livres les plus nécessaires à leurs travaux par
des rachats à vil prix, par des ventes à prix exagéré, par des
manœuvres frauduleuses en vue de surélever les prix, quand
ils devraient, conformément aux obligations de leur charge,
agir dans ces opérations avec sincérité et bonne foi (ce qu'ils
observeraient mieux certainement s'ils n'étaient point à la
fois acheteurs et vendeurs),

Nous prescrivons que les libraires s'engagent par serment,
comme il est dit plus haut, à ne faire, dans le délai d'un mois
à dater du jour où ils ont recu les livres à vendre, aucun
contrat réel ou fictif qui leur en assure à eux-mêmes la propriété; — à ne point les faire disparaître ou à ne point les
cacher[1] pour les acquérir ensuite à leur compte ou les retenir
plus longtemps; — mais à les exposer en vente de bonne foi

---

prêter, en personne, chaque année, lors de l'élection des Recteurs, le serment
d'exercer loyalement leur office et d'observer les statuts de l'Université, relatifs à
leur emploi, tant ceux qui existent actuellement que ceux qui pourront être faits
ultérieurement ». V. DENIFLE, *Archiv für Litteratur- u. Kirchengesch.*, III, 291.
— Ces statuts qu'ils juraient d'observer, les stationnaires de Bologne étaient tenus
de les afficher publiquement et ouvertement, en bonne écriture, dans leurs boutiques, tels qu'ils étaient transcrits sur le registre des délibérations de l'Université,
et cela, dans un endroit bien en évidence, afin que les personnes qui entraient pussent
les voir et les lire; ils devaient n'y faire aucune suppression, addition ou altération
quelconque. (ID., *ibid.*, 291.)

1. A Bologne, « il est défendu au stationnaire de cacher un livre, qu'il détient
pour être vendu, sous le prétexte faux qu'il n'est pas en sa boutique. S'il soutient
à un écolier qu'il ne l'a point, et que celui-ci lui demande entre les mains de qui se
trouve le livre, le stationnaire est tenu de lui déclarer le nom, sous peine d'une
amende de cinq sous de Bologne pour chaque livre à propos duquel il se sera
mis en contravention. » DENIFLE, *op. cit.*, III, 294.

1.

en tous lieux et à tous moments utiles, aussitôt que livraison leur en a été faite.

A la requête des vendeurs, ils estimeront et déclareront consciencieusement le prix juste et raisonnable auquel ils croiront en toute sincérité que peuvent se vendre les livres offerts pour la vente, et ils mentionneront le prix de l'ouvrage et le nom du vendeur à un endroit du livre bien en vue[1].

Ils jureront aussi qu'après avoir trouvé acquéreur, ils n'attribueront pas le livre en toute propriété, ne le livreront pas à l'acheteur et n'en toucheront point le prix, avant d'avoir dénoncé au vendeur ou à son mandataire la somme qu'il aura à recevoir[2]; — que, à l'égard du prix offert pour les livres, ils diront la pure et simple vérité, sans fraude ni mensonge[3]; — et que, dans la pratique des actes qui concernent leur profession, ils ne feront, par cupidité ou par ruse, rien qui puisse porter quelque préjudice aux études ou aux étudiants.

Attendu que, si tout travailleur mérite une rémunération, que, d'après le droit civil, il peut légitimement réclamer,

---

1. A Bologne, « les stationnaires doivent évaluer de bonne foi les livres en présence du propriétaire ou de son représentant, et déclarer le prix qu'ils croient juste sans se prêter à aucune machination, à une manœuvre quelconque avec les usuriers. L'évaluation doit être inscrite sur le livre en toutes lettres et non en chiffres. Ils ne doivent pas estimer le livre à un prix moindre qu'il n'a été acheté dans la boutique; ils doivent même l'estimer davantage, s'ils croient qu'il a une plus grande valeur. » DENIFLE, *op. cit.*, III, 294.

2. A Bologne, « aucun écolier ne doit payer le prix d'un livre de droit canon ou de droit civil, supérieur à la valeur de 6 livres de Bologne, qu'en présence de celui qui a remis le livre pour être vendu, ou de son mandataire dûment accrédité, et en présence du notaire de l'Université ou d'un autre des collègues des Recteurs. » DENIFLE, *op. cit.*, III, 293.

3. A Bologne, « si un stationnaire ou son employé a vendu ou cédé un livre à quelque écolier pour un prix convenu entre eux, la vente ou la cession est réputée ferme et valable, sous réserve toutefois que, si le vendeur du livre n'est pas d'accord sur le prix, le stationnaire lui tiendra compte de la différence nécessaire pour compléter le prix pour lequel ledit vendeur avait donné mandat ou ordre; et si le vendeur est écolier, le prix sera confirmé par son serment et sur déposition d'un seul témoin. » DENIFLE, *op. cit.*, III, 295.

des libraires dépassent fréquemment la mesure qui doit être
gardée en pareille circonstance, nous prescrivons que les
libraires jurent de ne point exiger, pour leur salaire, sur le
prix des ouvrages vendus, plus de quatre deniers par livre[1],
et proportionnellement par fraction de livre; et ce n'est pas
au vendeur, mais à l'acheteur qu'ils devront les réclamer[2].

Attendu que les exemplaires mauvais et défectueux entraî-
nent de graves inconvénients, nous prescrivons que lesdits
libraires jurent d'employer tous leurs soins et leurs efforts,
avec la plus sérieuse attention, à ne posséder que des exemplaires en bon état et corrects, et de ne rien exiger de personne pour de tels exemplaires au delà d'un salaire et d'une
rémunération juste et raisonnable[3] ou au delà des prix taxés
par l'Université ou ses représentants[4].

---

1. D'après NATALIS DE WAILLY, dans son *Mémoire sur les variations de la livre
tournois depuis le règne de saint Louis jusqu'à l'établissement de la monnaie
décimale* (Paris, Imprimerie nationale, 1857), la valeur moyenne du denier en 1275
aurait été de 0^{f}084432592, et celle de la livre Tournois de 20^{f}26382188; c'était
donc, d'après la valeur de cette époque, 33 cent. $^3/_4$ que les libraires avaient le droit
de prélever sur 20^{f}26, soit une commission de 1 $^2/_3$ pour cent. — La *livre* repré-
sentait une collection de *vingt sols*, et le *sol* une collection de *douze deniers*.

2. Ainsi, lorsque le libraire n'est qu'un intermédiaire entre un vendeur et un
acheteur, c'est une commission, et une commission taxée, qui lui est allouée; et le
règlement prend soin de déclarer que c'est l'acheteur, non le vendeur, qui supporte
ce courtage. Ce courtage pouvait produire une somme importante, vu le prix élevé
des manuscrits. Pour la valeur des manuscrits, voir la note 3 du folio XII, et la
note 2 du folio XV, continuée fol. XVI, XVII et XVIII, dans le liminaire de l'ouvrage
intitulé *Bibliothèque protypographique ou Librairies des fils du roi Jean*,
publiée par J. BARROIS (Paris, imprimerie Crapelet, librairie Treuttel et Wurtz, 1830);
voir également LÉOPOLD DELISLE, *Cabinet des Manuscrits de la Bibliothèque
nationale*, t. I, page 61.

A Bologne, la règle sur ce point était un peu différente; la commission était payée
indifféremment par l'acheteur ou par le vendeur, suivant convention; et le taux de
cette commission variait selon certaines catégories de prix fixées graduellement
par l'Université. (Voir DENIFLE, *op. cit.*, III, 295.)

3. Cette disposition s'adresse surtout aux *stationnaires*, produisant de nouvelles
copies. Une certaine liberté leur est laissée pour débattre avec le Recteur, quelquefois directement avec le client, le prix juste et raisonnable auquel ils céderont
le manuscrit qu'ils ont exécuté ou fait exécuter.

4. La taxe portait principalement sur le *prix de location* des manuscrits; c'est

Nous prescrivons enfin que, — si lesdits libraires se refusent à prêter le serment d'observer les dispositions précédentes ou l'une quelconque d'entre elles, s'ils y commettent quelque infraction après avoir prêté serment, s'ils ne s'y conforment pas rigoureusement, soit dans l'ensemble, soit en détail, — non seulement ils deviennent absolument étrangers à toute faveur et à tout privilège de l'Université[1], mais encore soient privés désormais de la faculté d'exercer librement la profession à laquelle ils avaient été admis dans l'intérêt des études, en sorte qu'aucun maître ou écolier n'ait plus le moindre commerce avec de tels libraires et ne se hasarde plus à traiter avec eux, dès qu'ils auront été reconnus coupables d'une infraction aux dispositions ci-dessus ou à quelqu'une d'entre elles[2]. Si quelque maître ou écolier contrevenait à cette prescription, qu'il soit privé de l'avantage de faire partie de la communauté des maîtres et écoliers jusqu'à ce qu'il y ait été réintégré par l'Université elle-même.

Le présent acte, délibéré et arrêté dans l'Assemblée géné-

---

qu'en effet à cette époque le mode de location était le plus usité. Les « povres escholiers » n'avaient nullement les moyens de payer la valeur, même juste et raisonnable, d'un manuscrit dont la confection était longue et minutieuse, partant coûteuse. Le *prêt* donnait donc lieu à un plus grand nombre de transactions que la vente ferme et définitive. Voir, dans le *Cartulaire de l'Université de Paris,* tome I, page 644, et tome II, page 107, les documents nos 530 et 642 relatifs aux tarifs fixés par l'Université pour le prix du loyer des manuscrits.

Les représentants de l'Université, auxquels il est ici fait allusion, étaient ses quatre grands libraires. (V. INTRODUCTION, page xxxviii.)

1. Voir dans le Document III, page 10, et dans l'INTRODUCTION, pages xxiii à xxvii, les privilèges dont jouissaient les libraires et les stationnaires, en qualité de suppôts de l'Université; ces privilèges, qui plus tard seront transmis à leurs successeurs professionnels, imprimeurs, éditeurs et libraires, étaient fort importants.

2. Même règlement à Bologne. « Si un stationnaire, par une téméraire audace, viole quelqu'une de ces dispositions, qu'il soit déclaré parjure dans les diverses écoles, et privé par les Recteurs de l'office de stationnaire. Les Recteurs sont également tenus de prescrire aux écoliers et aux docteurs et à tous leurs serviteurs jurés, en vertu du serment qu'ils ont prêté, de n'avoir plus aucun rapport avec un tel stationnaire, en ce qui concerne le métier de libraire. » Voir DENIFLE, *op. cit.,* III, 291.

rale tenue à Paris au chapitre des Frères Prêcheurs, et muni
du sceau de l'Université, le sixième jour avant les ides de
décembre, l'an du Seigneur 1275.

⸺◦⸺

II

SERMENTS PRÊTÉS PAR LES LIBRAIRES OU PAR LES STATIONNAIRES

[Cartulaire de l'Université de Paris, nᵒ 628, Tome II, page 97.]

Paris, 24 août 1302, et dans la suite.

L'an du Seigneur 1302, le vendredi qui précède la Décollation de saint
Jean-Baptiste [1], maître Pierre de Laignes exerçant les fonctions de Recteur
de l'Université, les stationnaires jurèrent, dans l'Assemblée générale tenue à
Saint-Mathurin [2], d'observer les articles qui suivent ; et ce, en présence de
maître Richard de Martigné, frère Arnauld de Toulouse, de l'Ordre des
Ermites de Saint Augustin, occupant alors des chaires de théologie, et de
maître Hugues de Besançon, maître Alemant et maître de Tellu, docteurs
en droit, ainsi que d'un grand nombre d'autres docteurs et maîtres, faisant à
cette époque partie du personnel enseignant des diverses Facultés :

VOUS JUREZ d'agir toujours de bonne foi et loyalement
dans la pratique du commerce des livres, toutes les fois que
vous aurez à en recevoir, à en garder en dépôt, à en exposer
en vente, à en vendre.

VOUS JUREZ de ne supprimer ou dissimuler aucun des
livres que vous aurez à vendre, mais de les exposer toujours

---

1. 29 août.

2. L'église, qui était sous l'invocation de saint Mathurin, se trouvait au coin de
la rue Saint-Jacques et de la rue dite anciennement des Mathurins-Saint-Jacques
(aujourd'hui rue Du Sommerard), côté nord, entre la rue Saint-Jacques et l'établissement de Cluny. Elle fut accordée, vers 1209, par l'évêque et le chapitre de Paris,
aux Trinitaires ou Religieux de la Sainte-Trinité de la Rédemption des Captifs, qui
prirent le nom de *Mathurins*. Leur maison fournit pendant longtemps à l'Université le lieu le plus ordinaire de ses assemblées, ainsi qu'un dépôt pour le parchemin ; elle était également un collège destiné à l'étude. (V. CREVIER, *Histoire de
l'Université*, tome I, pages 275 et 488 ; DU BREUL, *Théâtre des Antiquitez de
Paris*, 1612, pages 250 et 486.)

en vente au lieu et au moment opportuns, lorsqu'ils sont recherchés.

Vous jurez, dans le cas où vous seriez appelés ou requis par des vendeurs pour la vente d'un ou de plusieurs livres, d'estimer et de déclarer en toute sincérité, moyennant salaire, le prix juste et légitime auquel vous pensez que les livres offerts en vente peuvent trouver acquéreur, comme si vous aviez l'intention de les acheter pour vous-mêmes, le cas échéant.

Vous jurez de mentionner sur un endroit du livre, bien en vue, le prix du livre à vendre et le nom de celui à qui il appartient, s'il en exprime le désir.

Vous jurez que, après avoir trouvé acquéreur pour ces livres, vous ne les attribuerez pas en toute propriété, vous ne les livrerez pas à l'acheteur et vous n'en toucherez point le prix avant d'avoir informé le vendeur ou son mandataire qu'il ait à se présenter pour en recevoir le prix, s'il le veut bien, et que la chose lui soit possible.

Vous jurez de déclarer purement et simplement, sans fraude ni mensonge, le prix réel qui est offert pour chaque livre à vendre.

Vous jurez, dans vos transactions à raison des livres, de ne réclamer rien au vendeur, maître ou écolier, et de ne pas prélever plus de quatre deniers par livre[1] et proportionnellement par fraction de livre, sur tout achat fait par un étudiant de Paris, ni plus de six deniers par livre[2] sur tout achat fait par une personne étrangère à l'Université[3].

---

1. D'après Natalis de Wailly (op. cit.), en août 1302, le denier n'avait qu'une valeur de 0,03c8574098, la livre une valeur de 9f25c7783543. C'était 15c2/8 à prélever sur 9f25c, soit une commission de 1 2/3 pour cent.

2. En août 1302, 6 deniers représentaient 23c1/7; en ce cas, la commission se montait à 2 1/2 pour cent.

3. De cet article, plus explicite que la disposition analogue du Document I, page 4, résulte, au profit de l'Université, l'établissement d'une *remise:* il y

Vous jurez que les exemplaires que vous détenez sont exacts et corrects autant que possible.

Vous jurez de ne réclamer aux écoliers et maîtres rien de plus que le prix taxé par l'Université[1].

Vous jurez de ne réclamer, sur les exemplaires non taxés par l'Université, qu'un prix ou bénéfice juste et modéré[2].

Vous jurez de ne commettre, dans l'exercice de votre emploi, ni dol ni fraude qui puisse porter préjudice aux études ou aux étudiants.

En outre, afin d'écarter toute fraude dans l'exercice des fonctions de stationnaire, l'Université, sous le rectorat de maître Jean Briquebec, édicta les mesures suivantes :

1° Chaque stationnaire est tenu de placer aux vitres de sa boutique, en un endroit bien visible, un tableau sur parchemin où seront inscrits, de bonne écriture, tous les exemplaires dont il se sert[3] et qu'il détient, avec leur valeur au prix taxé[4].

---

avait donc déjà, à cette époque, le prix fort, puis le prix net pour certaines catégories d'acheteurs.

1. A Bologne, il est défendu « à tout écolier, vendant ou achetant par lui-même ou par intermédiaire, de promettre aux stationnaires, par pacte, surenchère, signe d'intelligence ou tout autre moyen, une somme supérieure à celle que déterminent les statuts ; de même il est interdit aux stationnaires de rien réclamer au delà de la taxe. En cas de contravention, l'écolier sera déclaré parjure, et le stationnaire, également déclaré parjure, sera, en outre, condamné à payer une amende de 5 livres de Bologne, que les Recteurs appliqueront aux besoins de l'Université. L'écolier est tenu, sous peine d'infraction à son serment, de dénoncer aux Recteurs, dans un délai de trois jours, le stationnaire qui exigerait une rémunération plus élevée que la taxe. Toutefois, après accomplissement de l'achat et de la vente, il est permis à l'acheteur de donner de son plein gré et de remettre en sus de sa taxe ce qu'il lui conviendra. » Denifle, *op. cit.*, III, 295.

2. Cette disposition concerne les *stationnaires*, qui produisaient non seulement de nouveaux manuscrits d'ouvrages anciens, mais aussi des manuscrits d'ouvrages nouveaux.

3. Pour en faire la copie.

4. Cette disposition était reproduite textuellement dans le Règlement de 1403,

2° S'il vient à posséder quelque exemplaire qui n'ait pas été taxé, il n'en donnera point connaissance au public avant de l'avoir offert à l'Université ou de l'avoir fait taxer[1].

3° Les stationnaires s'engagent à procurer des exemplaires des livres utiles aux études des diverses Facultés en aussi bonnes conditions et avec autant de promptitude qu'ils le pourront, pour l'avantage des étudiants et dans l'intérêt même des stationnaires[2].

4° Tout stationnaire qui aura contrevenu aux articles ci-dessus ou à quelqu'une de leurs dispositions, sera immédiatement déclaré déchu et privé de son emploi, jusqu'à ce qu'il ait fait amende honorable et qu'il soit nommé à nouveau par l'Université.

---

rappelé dans les *Répliques de l'Université à propos des lettres patentes de* 1649, p. 30 (Recueil factice déjà cité), et dont nous ne possédons pas le texte complet.

1. Après l'invention de l'Imprimerie, l'Université maintiendra, à l'égard des imprimeurs, ces deux prescriptions, en remplaçant le tableau sur parchemin par un *Catalogue*. En effet, dans ses *Répliques à propos des lettres patentes de* 1649, p. 40-41 (Recueil factice déjà cité), elle rappelle et demande à la Cour de reconnaître : « Que les Imprimeurs et Libraires ne pourront exposer aucun livre en vente, qu'auparavant le prix n'y ait été mis par les Recteurs, Doyens des Facultez et Procureurs des Nations de ladite Université, appelez les quatre principaux Jurez, avec l'imprimeur qui aura imprimé le livre, et celuy qui l'aura fait imprimer ; conformément aux Règlements de ladite Université de 1275, 1323, 1342, 1403, et selon la coustume qui se voit par les catalogues contenans le prix des livres ; lequel prix sera mis raisonnablement pour ne frustrer leur travail, et pour obvier à l'excez qui se commet dans la vente des livres, au grand préjudice et oppression des gens de lettres et escholiers ;

« Et que pour cet effet les Imprimeurs et Libraires exposeront en lieu apparent de leurs boutiques un catalogue, qui contiendra fidèlement le nombre et le prix des livres qu'ils veulent mettre en vente ; lequel ils seront tenus de communiquer aux visiteurs, toutesfois et quantes qu'ils en seront requis. »

2. Cette disposition prouve bien que le stationnaire s'occupait de fournir de nouveaux manuscrits. Elle n'a pas seulement pour but de faire appel à la bonne volonté, à l'instruction professionnelle, à l'habileté du libraire, qui saura, par des recherches persévérantes et bien dirigées, rencontrer un exemplaire d'un ouvrage que le maître réclame pour son enseignement, mais de permettre la commande, pour ainsi dire, d'un certain nombre d'exemplaires manuscrits d'un même ouvrage, que le maître veut mettre, pour le bien de son cours, entre les mains de plusieurs groupes d'écoliers. C'est dans leur adresse et leur rapidité à produire ces exemplaires que les stationnaires trouveront leur propre intérêt.

III

PHILIPPE IV, ROI DE FRANCE, A FIRMIN COQUEREL, PRÉVOT DE PARIS, POUR EXEMPTER DE LA TAILLE LES LIBRAIRES DE L'UNIVERSITÉ.

[Cartulaire de l'Université de Paris, n° 661, Tome II, page 123.]

Saint-Germain-en-Laye, 13 août 1307.

PHILIPPE, par la grâce de Dieu, roi de France... au Prévôt de Paris, salut. Vous mandons et ordonnons de ne soumettre ni laisser soumettre à la taille ceux que vous reconnaîtrez être libraires de l'Université de Paris, par respect des privilèges que nous avons accordés à ladite Université, tant pour elle que pour lesdits libraires, et de ne rien exiger d'eux sous prétexte de taille ou d'impôt, indûment et d'aucune façon, en violation desdits privilèges. Donné à Saint-Germain-en-Laye, le 13 août 1307.

IV

STATUT DE L'UNIVERSITÉ DE PARIS EXCLUANT DE L'UNIVERSITÉ TOUT LIBRAIRE ET STATIONNAIRE QUI N'AURA POINT VOULU JURER OBÉISSANCE A SES RÈGLEMENTS[1].

[Cartulaire de l'Université de Paris, n° 724, Tome II, page 179.]

Paris, 12 juin 1316.

A tous ceux qui les présentes lettres verront, l'Université de Paris, comprenant maîtres et écoliers, salut en Celui qui ne laisse point impunis les méfaits des méchants.

---

1. Le présent Document est plutôt un procès-verbal, dont le début reproduit un historique de la question.

L'impunité ne fait qu'augmenter la méchanceté des hommes pervers; elle en propage la race; elle laisse pousser des branches dont le développement peut étouffer un champ tout entier. Il en est surtout ainsi de l'esprit pervers de subalternes et de membres d'une communauté; alors l'ennemi, qui est dans la place, peut multiplier au dehors les preuves de sa malice ; car non seulement les portes de celui auquel il est hostile lui sont ouvertes, mais encore il lui est facile de pénétrer chez lui dans les recoins les plus cachés.

C'est pourquoi, attendu que les libraires et les stationnaires, qui sont suppôts de notre Université, auxquels elle assure des privilèges et des protections qui ne sont pas des moindres, et qui tirent d'elle diverses ressources leur permettant de pourvoir suffisamment à leur existence, se sont rendus coupables, à mainte reprise, d'actes préjudiciables à l'Université entière, notre Communauté, — redoutant de ce fait l'accroissement de leur malice, la multiplication d'une race perverse, l'invasion de nouveaux ennemis, qui pourraient infester son champ et causer la perte de ceux qui y vivent én grand nombre, — agissant comme une pieuse mère, autant pour leur propre salut que pour le bien et le plus grand honneur de ses enfants, — résolut d'apporter à de tels maux un remède efficace, et nomma, il y a longtemps, selon les règles d'usage, des hommes dignes et loyaux, chargés de redresser de pareils méfaits. Ceux-ci, autant qu'il leur fut possible, rédigèrent, pour l'honneur de l'Université, comme dans l'intérêt des libraires, des statuts assez développés, qui sont remarquables, honorables et même avantageux[1].

Après la rédaction de ces statuts, tous les libraires furent convoqués; lecture du texte des règlements fut faite à chacun en particulier, à Saint-Mathurin, en présence des délégués de l'Université. Quelques-uns donnèrent leur assentiment;

---

1. Voir le Document I, de 1275, page 1, et le Document II, de 1302, page 6.

d'autres protestèrent; mais peu après, par suite de l'obligation qui leur incombait de payer à Monseigneur le roi de
France la taille dont ils ne sont exempts qu'en vertu de la
protection que leur accorde l'Université[1], tous, excepté
Thomas de Sens[2], prêtèrent, en présence de maître Henri
de Bruxelles, alors Recteur, et de Raoul Benoît, notaire de
l'Université, serment de se soumettre rigoureusement aux
règlements de l'Université, afin de redevenir, sous sa protection, exempts de ladite taille.

Ledit maître Henri ne donna pas suite aux règlements
concernant l'office de libraire. Plusieurs Recteurs lui avaient
déjà succédé, lorsque maître Nicolas de la Porte, élevé à ces
fonctions, voulut, avec l'assentiment de l'Université, rendre
efficaces les mesures que l'un de ses prédécesseurs avait
laissées incomplètes. Les libraires et les stationnaires furent
convoqués à Saint-Mathurin, par-devant les délégués nommés
à cet effet par l'Université; et, après la lecture des statuts, le
Recteur ajouta :

« Voulez-vous jurer de nouveau, par-devant moi et les
« autres délégués, d'observer les présents statuts et les pré-
« cédents, comme si vous n'aviez prêté aucun serment dans
« le passé ? »

La plupart s'y refusèrent, déclarant qu'ils aimaient mieux
perdre leur office de libraire de l'Université que de se soumettre par serment à de tels règlements.

---

1. Voir le Document III, page 10.
2. Le présent Document est, dans sa première partie, un résumé de faits antérieurs à la date qu'il porte. Thomas de Sens, au refus duquel il est fait ici allusion,
avait dû cependant se résoudre à prêter serment à son tour, comme le prouve le
Document suivant, daté du 10 mai 1314 (*Cartulaire de l'Université de Paris*,
n° 711, tome II, page 171) :
« L'an du Seigneur 1314, le vendredi qui suit la Translation de Saint Nicolas, en
« mai, sous maître Étienne de Paris, Recteur de l'Université, le stationnaire Tho-
« mas, dit de Sens, prêta, à Saint-Mathurin, en présence des délégués de l'Univer-
« sité, maître Thomas d'Angleterre, docteur en théologie, maître Hugues de
« Mâcon, docteur en droit, entourés d'un grand nombre d'autres maîtres, serment

Le Recteur prononça alors les paroles suivantes :

« Vous serez privés de votre office si vous ne faites pas, « comme vous le devez, la volonté de l'Université. »

Ledit Recteur ayant rendu compte de tous ces faits en Assemblée générale, nous, maîtres des quatre Facultés de ladite Université[1], au nom de la Communauté comme en notre nom personnel, nous avons, sur convocation expresse dudit maître Nicolas de la Porte, Recteur en exercice, arrêté, ordonné et décrété que ceux des libraires et stationnaires qui négligeraient de jurer obéissance aux règlements de l'Université seraient exclus de notre Université, ne seraient plus dès lors placés en aucun cas sous sa protection et ne participeraient à l'avenir à aucun de ses privilèges[2]. L'Université, comme elle y est tenue, agira conformément à cette décision contre lesdits libraires. Défense est faite à tous maîtres et écoliers de remettre un seul livre aux libraires insermentés, ainsi que de leur en acheter aucun; et, pour les faire connaître avec plus de certitude, nous voulons qu'ils soient tous ici désignés par leur nom propre. Ce sont :

Jacques de Troyes,
Geoffroy du Bourg-Neuf,
Guillaume de la Cour,
Étienne l'Irlandais,
Raoul des Vèneries,
Thomas de Maubeuge,
Robert de Migorne,
Colin Trenchemer,
Jean d'Angleterre,
Jean de Saint-Léger,
Thomas le Normand,

« de se soumettre aux règlements que les stationnaires sont tenus de jurer d'ob-
« server. »
1. Voir INTRODUCTION, page XXX, note 4.
2. Voir ces privilèges, INTRODUCTION, pages XXIII à XXVII.

Jean du Bourg-Neuf,
Jean de Garlande,
Mathieu d'Arras,
Thomas de Sens[1],
Raoul Labbé,
Pierre Bonenfant,
Nicolas Peneler[2],
Étienne Savage[3],
Geoffroy le Bourguignon,
Jacques de Troins,
Michel des Viviers.

Afin que ces prescriptions soient inviolablement observées, nous avons ordonné que le sceau de notre Université fût apposé au bas des présentes lettres.

Donné à Saint-Mathurin, à Paris, dans notre Assemblée générale, l'an du Seigneur 1316, le douze juin.

V

SERMENT PRÊTÉ PAR GEOFFROY DE SAINT-LÉGER,
LIBRAIRE JURÉ DE L'UNIVERSITÉ, ET PAR D'AUTRES LIBRAIRES,
D'EXERCER LOYALEMENT LEUR OFFICE.

[Cartulaire de l'Université de Paris, nº 732, Tome II, page 188.]

Paris, 26 novembre 1316.

A tous ceux qui les présentes lettres verront, l'Official de la Cour de Paris, salut dans le Seigneur.

---

1. Thomas de Sens n'était plus seul, à cette époque, à refuser le serment. Voir la note 2 de la page 12. Nous verrons, à la date du 4 décembre 1316, que les libraires ne tardèrent pas, pour la plupart, à revenir à d'autres sentiments.

2. Sans doute le même qui se trouve désigné plus tard dans le Document VI, page 25, sous le nom de Nicolas Petit-Clerc.

3. Très probablement le même qu'Étienne l'Anglais dit Sauvage, cité au Document VI, page 25.

Savoir faisons que par-devant nous a comparu en personne Geoffroy de Saint-Léger, clerc, libraire juré de l'Université de Paris ;

Lequel, — ayant exprimé son désir et sa volonté formelle de vivre sous la protection de sa mère l'Université de Paris, de remplir fidèlement et loyalement son office de libraire, conformément aux règlements, dans ladite ville, de ne faire encourir aucun dommage ou préjudice à quelque maître ou écolier par son fait et sa faute, de ne commettre ni fraude ni dol à l'égard des écoliers et des maîtres qui lui remettraient leurs livres, et de ne leur point causer de tort par la perte ou la dissimulation desdits livres, enfin, selon ses propres paroles, de ne les léser en quoi que ce soit, — a promis par serment, en notre présence, d'exercer avec conscience et loyauté la profession de libraire dans ladite ville de Paris, et s'est déclaré prêt à remplir toutes ses obligations.

Pour assurer l'exécution et la fidèle observation de ses engagements, ledit Geoffroy s'est obligé sur tous ses biens et ceux de ses héritiers, meubles et immeubles, présents et futurs, et spécialement sur la maison qui lui appartient en propre à Paris, porte de Nicolas dit Huidelon[1], et aussi sur la terre qu'il possède au territoire de Saint-Léger, diocèse de Bayeux, jusqu'à concurrence d'une somme de cent livres Parisis[2], soumettant de ce fait ladite terre à la juridiction de la Cour de Paris ;

Sous la condition toutefois, convenue entre l'Université de Paris et ledit Geoffroy, que, si tous les autres libraires de la ville de Paris, qui sont actuellement en exercice ou seront admis à cet emploi dans l'avenir, refusaient de s'obliger

---

1. Il s'agit d'une petite porte située sur la rive droite de la Seine, dans la rue appelée « Beaubourg ». (*Note du P. Denifle.*)

2. La livre Parisis était plus forte que la livre Tournois ; elle valait vingt-cinq sous Tournois. Or, en 1316, d'après NATALIS DE WAILLY (*op. cit.*), le sou Tournois avait une valeur de 1^{f}01^{c}3191109, ce qui donnait pour la livre Parisis une valeur de 25^{f}32^{c}9777725. Il s'agissait donc d'une somme de 2532^{f}97^c.

envers l'Université dans la forme ci-dessus relatée, ou si
ladite Université ne les y contraignait point ou ne pouvait
les y contraindre et amener, les engagements, transferts de
juridiction et serments, souscrits et prêtés par ledit Geoffroy,
selon qu'il est dit ci-dessus, seraient réputés nuls et de
nul effet; attendu qu'il serait dur, pour ledit Geoffroy, de se
trouver, pour l'exercice de sa profession, dans des conditions
moins favorables que les autres libraires, actuels ou futurs.

En foi de quoi, nous avons fait apposer notre sceau de la
Cour de Paris aux présentes lettres. Fait l'an du Seigneur
1316, le vendredi qui suit la fête de Saint Clément[1].

Le P. Denifle, dans le *Cartulaire*, fait suivre le texte de ce document
d'indications, dont voici la traduction :

« Il existe de nombreux actes originaux conçus dans des termes absolument identiques et reproduisant les déclarations d'autres libraires :

Maître *Thomas de Maubeuge*[2], libraire (même date);

Thomas le Normand[2], stationnaire et libraire (même année, le dimanche
qui suit la fête de Saint André, apôtre[3]);

Jean de Meillar, du diocèse de Quimper, clerc, stationnaire et libraire
(en 1323, le mardi, veille de la fête de Saint Mathieu, apôtre[4]);

Ponce le Bossu de Noblans, clerc et libraire (même année, le jeudi qui suit
la fête de Saint Mathieu);

Pierre de Péronne, clerc, et *Pétronille*, son épouse, tous deux stationnaires
et libraires (même année, le vendredi qui précède la fête de Saint Michel[5]);

Mathieu d'Arras[2], clerc, libraire (même année, le mercredi qui précède
la fête de Saint Michel);

Jean de Ponton, Anglais, clerc, libraire juré (en 1335, le vendredi après le
dimanche du *Lætare*, 4ᵉ dimanche de Carême);

Jean Le Prêtre dit *Prestre-Jehen*, libraire (même date);

Nicolas Tirel, clerc, libraire (même année, le mercredi qui suit le dimanche
du *Lætare*);

---

1. La fête de saint Clément tombe le 23 novembre.
2. Cité dans le Document IV, pages 13-14, comme ayant alors refusé le serment.
3. 30 novembre.
4. 21 septembre.
5. 29 septembre.

Richard dit de Montbaston, du diocèse de Lisieux, clerc, libraire et enlumineur (en 1338, le mercredi qui suit la fête de Saint Barthélemy [1]);

Geoffroy de Buillane, du diocèse de Liège, libraire (même année, le dimanche après la fête de Saint Mathieu);

Henri de Cornouailles, clerc, libraire (même année, le mercredi qui précède la fête de Saint Rémi [2]);

Jean de Semer, Anglais, stationnaire et libraire (même année, le vendredi qui suit la fête de Saint Rémi);

Henri de Neuham, Anglais, libraire et stationnaire (en 1342, le mardi qui suit la fête de l'Exaltation de la Sainte Croix [3]);

Yves dit le Breton, clerc, libraire (même année, le samedi qui précède la fête de Saint Michel [4]);

Symon dit l'Escolier, libraire (même année, le jeudi qui suit la fête de Saint Mathieu);

Matthieu Vavasseur [5], clerc, du diocèse de Bayeux, libraire (même année, le dimanche qui suit la fête de Saint Mathieu);

Gilbert de Hollend, Anglais, clerc, libraire (même année, le jeudi qui suit la fête de l'Exaltation de la Sainte Croix);

Guillaume de Chevreuse, libraire (même année, le samedi qui précède la fête de Saint Rémi, du 1er octobre);

Jacques Blanchet, clerc du diocèse de Lausanne, libraire (en 1343, le mardi qui suit la fête de l'Invention de la Sainte Croix [6]);

Guillaume dit de Ponton, libraire (même année, le samedi qui suit l'Exaltation de la Sainte Croix).

« Quelques-uns de ces libraires sont également cités plus loin, en 1342, page 34.

« Si le libraire était en même temps stationnaire, l'acte porte qu'il exerçait *les professions de libraire et de stationnaire.*

« Dans les actes des années 1335, 1338, 1342 et suivantes, est omise la formule [7] commençant par la phrase « Sous la condition toutefois que.... [8] ».

---

1. 24 août.
2. 1er octobre.
3. 14 septembre.
4. 29 septembre.
5. Le P. Denifle ajoute la note intéressante qui suit : « Le manuscrit intitulé *Fen d'Avicenne* (Bibl. nat. Par. ms. 130) appartint à maître Gervais Chrétien, de la Faculté de médecine, qui l'avait acheté en 1352 de la veuve et des exécuteurs testamentaires de feu Mathieu Vavasseur, libraire rue Neuve-Notre-Dame, au prix de seize bons écus d'or ».
6. 3 mai.
7. Il s'agit de la formule de réserve qui termine l'acte de caution de Geoffroy de Saint-Léger, page 15.
8. Voir une liste complémentaire de libraires et de stationnaires, page 38.

VI

Statuts de l'Université de Paris,
concernant les Libraires et les Stationnaires,
avec mention de leurs noms.

[Cartulaire de l'Université de Paris, nᵒ 733, Tome II, p. 190.]

Paris, 4 décembre 1316 [1].

A tous ceux qui les présentes lettres verront, l'Université de Paris, comprenant maîtres et écoliers, salut éternel en Notre-Seigneur.

Considérant que beaucoup de libraires et stationnaires ont commis déjà, depuis une époque reculée, des méfaits et des abus dans l'exercice de leur emploi à Paris; qu'une négligente tolérance dure depuis trop longtemps à leur égard, et qu'aucun remède efficace n'a été encore trouvé pour les ramener, comme ils peuvent et doivent l'être, à une conduite régulière pour l'honneur et l'avantage de notre mère l'Université; ce qui a causé de fréquents et graves préjudices à de nombreux maîtres et écoliers, et entraîné jusqu'ici l'Université elle-même à des dépenses excessives, par suite des malversations multipliées d'hommes qui ne travaillaient qu'à leurs propres intérêts sans s'inquiéter de ceux des étudiants;

Voulant, tant pour le présent que pour l'avenir, apporter, autant qu'il est en notre pouvoir, dans l'exercice dudit emploi, un remède opportun à une pareille situation, et mettre obstacle à des agissements funestes, Ordonnons par le présent Statut ce qui suit :

Art. 1ᵉʳ. Nul ne sera désormais admis à l'exercice de la profession de libraire à Paris, s'il n'est de bonnes vie et

---

1. Ce sont les statuts qui étaient jusqu'ici connus le plus généralement sous le titre de statuts de 1323, année où ils ont été renouvelés.

2.

mœurs ; s'il ne possède une instruction et des connaissances suffisantes pour l'appréciation de la valeur des livres ; si,ʼ d'après le témoignage d'hommes honorables et dignes de foi, il ne présente toute garantie pour le respect et l'exacte observation des articles et règlements ci-dessous énumérés, et de tous autres déjà prescrits [1] ; si, enfin, il n'a été au préalable agréé par l'Université, à laquelle il est tenu de prêter serment.

ART. 2. Aucun stationnaire ne devra prendre un clerc dans l'intention de livrer de nouveaux exemplaires, que celui-ci n'ait, avant d'entrer en fonctions, juré, par-devant l'Université ou tout au moins par-devant le Recteur et les quatre procureurs [2], d'exercer fidèlement son emploi conformément aux ordonnances de l'Université [3]. (Le Recteur, alors en exercice, sera tenu de consigner sur un registre le nom de celui qui prête serment et la date du jour où le serment a été prêté.)

ART. 3. Tout stationnaire est tenu de n'aliéner aucun exemplaire [4], avant d'en avoir fait notification à l'Université en Assemblée générale, afin que l'Université prenne des mesures pour que le stationnaire ne soit point privé d'un

---

1. Voir les Documents I, page 1 ; II, page 6 ; IV, page 10.

2. Voir INTRODUCTION, page XXX, notes 3 et 4.

3. Dans ses *Répliques à propos des lettres patentes de* 1649, page 37 (Recueil factice déjà cité), l'Université s'appuie sur cette disposition pour réclamer à son profit un droit de surveillance sur les apprentis des Imprimeurs. Elle demandera : « Que, sans s'arrester à la limitation des Apprentifs contenue en l'art. 8 des prétendus Règlements de 1618 et 1649, les Maistres Imprimeurs, conformément aux édits de François premier du 28 décembre 1541 et de Charles IX, 1571, fassent et puissent faire et prendre autant d'Apprentifs que bon leur semblera, *pourveu qu'ils ayent été présentez au Recteur et Université, et par elle trouvez suffisamment versez ès Langues Grecque et Latine, et. ayent presté serment audit Recteur, selon les termes du Règlement de* 1323 (suit le texte de l'art. 2 du règlement ci-dessus de 1316) ; lesquels, après avoir fait trois années d'apprentissage et servi les Maistres deux ans, aux termes de l'Arrest de la Cour du dernier Février 1609, et que *ledit Recteur aura esté suffisamment certifié par les quatre principaux Jurez d'icelle Université de leurs suffisance et capacité* en l'Art d'Imprimerie, seront receus Maistres Imprimeurs Libraires. »

4. Il s'agit des manuscrits nouveaux, surtout de manuscrits d'ouvrages non encore connus, que le stationnaire a copiés ou fait copier.

légitime profit, et que l'Université ne soit pas frustrée de l'usage dudit exemplaire.

Art. 4. Aucun stationnaire ne pourra refuser les exemplaires qu'il détient, même à une personne voulant s'en servir pour en faire une autre copie[1], à la condition toutefois qu'un gage suffisant lui soit remis, et qu'il lui soit donné satisfaction conformément aux règlements de l'Université.

Art. 5. Aucun stationnaire ne louera à qui que ce soit ses exemplaires pour un prix supérieur à la taxe fixée par l'Université[2], ou à des conditions plus rigoureuses que celles qu'aura déterminées l'Université, à moins que le preneur n'ait détenu la pièce[3] pendant plus d'une semaine.

Art. 6. Si les gages remis au stationnaire ne sont pas dégagés dans le courant de l'année, le stationnaire pourra les vendre à la fin de l'année, toutefois au vu et au su de l'Université.

---

1. Comme le faisait remarquer M. Louis Renault, professeur à la Faculté de droit de Paris, dans la première leçon de son cours sur la propriété littéraire (novembre 1890), cette disposition est la négation du droit de l'auteur. Alors, comme pendant toute l'antiquité et jusqu'à l'époque de la découverte de l'imprimerie, l'exécution matérielle de l'exemplaire manuscrit l'emportait sur le droit de l'auteur; c'était de la multiplication et en même temps de l'exactitude des manuscrits que l'on s'inquiétait, et celui qui écrivait une nouvelle copie correcte paraissait rendre au moins autant de services que l'auteur qui avait conçu, récité, dicté l'œuvre ainsi reproduite, parce que l'écrivain concourait efficacement à la faire connaître et à en perpétuer l'étude. De là les encouragements accordés à tous ceux qui, possédant une bonne écriture et une science suffisante, travaillaient, surtout dans les cloîtres et abbayes, à produire des exemplaires nouveaux.

Cette obligation, imposée à Paris au stationnaire, de remettre l'exemplaire en sa possession à toute personne qui désire en prendre copie, était également prescrite, à Bologne, à l'égard de tout maître ou écolier qui se trouvait posséder un exemplaire correct, et qui était tenu de le prêter pour permettre le contrôle et la correction d'exemplaires défectueux. « Et si quelque docteur ou écolier refuse de prêter, au moins dans l'intérieur de son logement, un livre qui aura semblé suffisamment correct, qu'il soit frappé d'une amende de cinq livres à appliquer aux besoins de l'Université. » Denifle, *Archiv für Litteratur- u. Kirchengesch. des Mittelalters*, III, 280.

2. Voir la note 4, page 4.

3. Le mot *pièce* répond au mot latin *pecia* ou *petia*, qui désigne une feuille de parchemin, parce que celle-ci était un fragment du manuscrit. D'après le P. Denifle,

ART. 7. Aucun stationnaire ne pourra mettre en location un exemplaire avant qu'il ait été corrigé et taxé par l'Université[1].

ART. 8. Conformément aux prescriptions de l'Université, chaque Recteur fera proclamer dans les écoles que tout exemplaire, qui sera reconnu fautif, devra être présenté publiquement au Recteur et aux procureurs[2], afin qu'il soit corrigé; et les stationnaires, qui louent des exemplaires dans de pareilles conditions, seront punis par jugement de l'Université et tenus de payer une amende aux écoliers.

ART. 9. L'Université désignera, chaque année, quatre libraires délégués[3], chargés de taxer les livres[4]. La taxe ne sera valablement fixée que si, à défaut des quatre délégués, deux d'entre eux au moins ont concouru à la déterminer. Les deux délégués, ou le seul délégué, qui n'auront pas été présents, toucheront les mêmes honoraires que leurs collègues qui auront fonctionné, à moins qu'ils n'aient formellement refusé de se rendre à la convocation régulièrement faite.

ART. 10. Dans le cas où lesdits délégués seraient amenés, pour fixer la taxe, à recourir à quelque autre libraire, ce

---

(*op. cit.*., III, 295, note), les statuts de l'Université de Padoue constatent que la *pecia* comprend seize colonnes, que chaque colonne contient soixante lignes, chaque ligne trente lettres, conformément au tarif de l'Université de Bologne. Ce serait donc un cahier de 8 pages, correspondant à peu près à notre format in-4º carré, formé par la feuille de parchemin, rabattue d'abord sur elle-même, puis pliée en deux.

1. Il s'agit toujours d'exemplaires nouveaux.

2. Voir INTRODUCTION, page XXX, notes 3 et 4.

3. Antérieurement, à Paris, c'étaient des maîtres qui avaient été chargés de fixer la taxe. En 1303, cette fonction avait été remplie par « deux docteurs en Théologie, un Médecin, Guillaume le Breton, dont la qualité n'est point marquée, et les Procureurs des Nations ». CREVIER, *Histoire de l'Université de Paris*, t. II, pages 284, 286.

4. A Bologne, « il est interdit aux usuriers ou aux marchands de se mêler de l'estimation des livres, qui ne doit être faite que par les *deux* stationnaires élus à cet effet par les Recteurs, sous peine de parjure et d'une amende de 20 sols à infliger à tout contrevenant ». DENIFLE, *op. cit.*, III, 294.

libraire expert recevra les mêmes honoraires que chacun des délégués ; mais, dans le cas où il y aurait plusieurs experts, ceux-ci ne recevront pour eux tous que les honoraires d'un seul membre.

ART. 11. Nul libraire ne devra vendre un livre à un autre libraire[1] qu'après une exposition publique faite pendant quatre jours chez les Frères[2], et avec le consentement et en présence du vendeur. Si le vendeur est absent, le libraire est tenu de ne vendre le livre qu'en présence de deux témoins dignes de foi.

ART. 12. Tout libraire, sur la demande du vendeur ou de l'un des délégués de l'Université, sera tenu de déclarer le nom de l'acheteur et le prix de vente du livre, et de présenter l'acheteur, s'il en est requis, même après la vente[3].

---

1. A Bologne, « le stationnaire ne doit pas livrer un livre exposé en vente dans sa boutique, pour être vendu en dehors de son magasin, à une personne qui ne fasse point partie de l'Université, à moins que le livre, dont la vente a été annoncée, ne soit resté exposé un jour entier, sous peine d'une amende de 10 livres de Bologne, en cas de contravention. » DENIFLE, *op. cit.*, III, 293.

2. Le P. Denifle ajoute en note : « Prêcheurs. ». C'était donc au couvent de la rue Saint-Jacques que cette exposition devait avoir lieu.

CREVIER (*op. cit.*, t. II, p. 355) dit que les livres devaient être portés quatre fois aux *sermons* généraux qui se faisaient pour toute l'Université ; il observe que c'était « une précaution singulière ». C'est que, les jours de tels sermons, le nombre des acheteurs probables était plus considérable, et que, avant ou après la prédication, le livre pouvait être plus facilement et plus sûrement examiné. « L'esprit de ce règlement était sans doute, ajoute Crevier, de faire en sorte que les maîtres et étudiants eussent la préférence pour l'acquisition des livres, et que les libraires ne pussent les acheter qu'à leur refus. » Il avait un autre but ; il permettait, en cas de vol, de faire retrouver le propriétaire véritable du manuscrit (voir les lettres patentes de 1411, page 55).

3. A Bologne, « il est prescrit d'indiquer sur tout livre à vendre, à l'extérieur et en un endroit bien en vue, de bonne écriture, en toutes lettres et non en chiffres, le nom du vendeur avec son surnom, et le prix du livre, sous peine d'une amende de 20 sols au profit de l'Université, que devront exiger les Recteurs. A supposer que le nom ne soit pas inscrit, le stationnaire est tenu, sous la même peine, de le déclarer à l'écolier qui le demande ; en cas de refus, l'écolier est cru sur serment. » DENIFLE, *op. cit.*, III, 293.

ART. 13. Nul ne sera admis à l'exercice de la profession de libraire[1] que sur le témoignage, fourni par les délégués, qu'il est honnête et consciencieux, et après versement d'un cautionnement de cent livres Parisis[2], pour répondre des livres qui lui seront confiés[3].

ART. 14. Les quatre libraires délégués devront rechercher si quelque personne exerce, sans avoir prêté serment, la profession de libraire ou de stationnaire[4]; ils auront tout pouvoir de se faire délivrer par ceux qui ne sont point libraires jurés des gages, qu'ils devront présenter à l'Université dans sa plus prochaine assemblée générale. Si lesdits délégués, dans l'exécution de ces mesures, ont besoin d'une aide, tout serviteur juré de l'Université est tenu, de par son serment, de les assister et de leur prêter son concours, dès qu'il en est requis par l'un d'eux, gratuitement et sans opposition.

ART. 15. Tout libraire non juré ne devra mettre en vente

---

1. Ici il s'agit à la fois et du stationnaire et du libraire, c'est-à-dire de celui qui produisait de nouveaux exemplaires et de celui qui ne faisait que la vente ou la location des manuscrits existants.

2. 100 livres Parisis = 2 532ᶠ 97. Voir la note 2, page 15.

3. Le montant du cautionnement était plus élevé à Bologne. « Chaque stationnaire est tenu de fournir des cautions convenables dans un délai de quinze jours après la nomination des Recteurs, ou plus tard, s'il n'en est précédemment requis, pour la somme de *deux mille livres* de Bologne au moins, comme garantie qu'il conservera fidèlement les livres et autres objets déposés entre ses mains par les écoliers et les rendra intacts. Il est également tenu de remettre, dans le même délai, au bedeau général ou au notaire de l'Université ou bien à un docteur ou à un changeur, que désigneront les Recteurs, un gage d'une valeur de 15 livres de Bologne, ou cette somme en espèces, afin que les deux Recteurs, en cas de contravention aux statuts, puissent, sur la valeur du gage ou sur les deniers mêmes, recouvrer les amendes prononcées par les statuts; et lorsque pareil dépôt sera épuisé, le stationnaire sera tenu de le remplacer par un autre dans un délai prescrit par les Recteurs. » DENIFLE, *op. cit.*, III, 292; voir aussi INTRODUCTION, page XXIX.

4. A Bologne, « aucun copiste, enlumineur, correcteur, ni aucune autre personne ne doit se mêler de la vente des livres, en dehors des stationnaires qui prêtent serment et fournissent caution. » DENIFLE, *op. cit.*, III, 294.

aucun livre qui soit d'une valeur supérieure à dix sous[1]; il ne peut être sédentaire et tenir boutique[2].

Art. 16. Tout libraire et stationnaire jurera d'observer les présentes dispositions, en ce qui le concerne, et de révéler à l'Université toute infraction auxdits règlements qui serait portée à sa connaissance, ainsi que tous renseignements qu'il posséderait sur la situation compromise d'un libraire.

Tels sont les statuts arrêtés par nous.

Et l'an du Seigneur 1316, le samedi qui précède la fête de Saint Nicolas[3] célébrée en hiver, à Paris, dans notre Assemblée générale, tenue en l'église de Saint-Mathurin, ont été convoqués par-devant nous, par les soins de discrète personne, maître Pierre l'Apôtre, de Paris, à cette époque Recteur de notre Université, et ont comparu en personne les stationnaires et libraires[4] ci-dessous dénommés, savoir :

Thomas de Maubeuge[5],

Jean le Breton, dit de Saint-Paul,

Thomas le Normand[6],

Geoffroy le Breton, notaire public[7],

Jacques de Troins[8],

Geoffroy de Saint-Léger[9], demeurant actuellement rue Neuve[10],

---

1. D'après Natalis de Wailly, *op. cit.*, 10^f13 en 1316.

2. Ainsi le libraire non juré est réduit au rôle de colporteur ou d'étalagiste; c'était « un étaleur sans boutique et sans siège » (Crevier, *op. cit.*, t. II, p. 288), et son importance est bien rabaissée par le prix peu élevé des livres dont il est autorisé à faire le commerce. — Voir Introduction, page XL.

3. La fête de saint Nicolas tombe le 6 décembre.

4. Les titulaires indiqués ici n'exerçaient pas tous le double office de stationnaire et de libraire; mais le texte ne désigne pas ceux qui étaient stationnaires.

5. Cité dans le Document IV, page 13, et à la suite du Document V, page 16.

6. Cité dans le Document IV, page 13.

7. L'office de libraire ou de stationnaire pouvait donc être cumulé avec un autre office noble et digne, mais non point avec une occupation vile. V. Introd.; page XLI.

8. Cité dans le Document IV, page 14.

9. Voir, page 14, le Document V, qui reproduit la teneur de son serment.

10. Sans aucun doute la rue *Neuve-Notre-Dame.*

Guillaume le Grant, rue des Noyers,

Étienne l'Anglais, dit Sauvage[1], rue Erembourg de Brie[2],

Geoffroy le Lorrain, même rue,

Jean de Garlande[3], rue de la Parcheminerie,

Guillaume de la Cour[4], rue Clos-Bruneau,

Pierre, dit Bonenfant[3], rue de Bièvre,

Thomas de Sens[5], et Nicolas, dit Petit-Clerc[6], rue Saint-Jacques.

Volontairement et sciemment, ayant suffisante connaissance des articles ci-dessus reproduits, tous, levant séparément la main vers le Crucifix, ont juré d'observer rigoureusement, et maintenant et toujours, dans l'ensemble et en détail, toutes les prescriptions contenues dans les susdits articles et statuts, rédigés par nous, ou dans nos règlements antérieurs, de n'y point faire obstacle et de n'y point contrevenir, par malice ou habileté, par eux-mêmes ou par autrui, dans l'avenir; à cet effet, ils se sont pleinement engagés sur tous leurs biens meubles et immeubles, présents et futurs, en quelque lieu qu'ils existent, tels qu'ils sont énumérés et se comportent dans les actes dressés sous là juridiction de la Cour de Paris, actes que nous conservons par devers nous à titre de garantie.

Parmi les libraires jurés, nous désignons, pour l'année courante, en qualité de délégués, selon qu'il est mentionné ci-dessus, les libraires suivants :

Thomas le Normand,

---

1. Très probablement le même que « Étienne Savage » dans le Document IV, page 14.

2. Depuis rue *Boutebrie*. Il y a ici un curieux exemple dans les altérations successives qui ont transformé l'ancien nom de cette rue en celui qu'elle porte actuellement. Le nom du seigneur primitif, *Ehrembourg de Brie*, a d'abord été écourté en celui de *Bourg de Brie;* puis, par suite de l'oubli ou de l'ignorance du nom ancien, une prononciation défectueuse a amené *Boutebrie*.

3. Cité dans le Document IV, page 14.

4. Cité dans le Document IV, page 13.

5. Cité dans le Document IV, page 12; voir aussi, même page, note 2.

6. Sans doute le même que Nicolas Peneler, au document IV, page 14.

Jean le Breton, de la rue Neuve,
Geoffroy le Lorrain,
Et Nicolas, dit Petit-Clerc.

Lesquels nous instituons à charge de taxer les livres et de faire tous autres actes de leur compétence, ci-dessus prévus; nous réservant le droit, à la fin de l'année, d'en déléguer quatre autres dans lesdites fonctions, selon notre bon vouloir, pour l'année suivante, et ainsi de suite.

En conséquence, nous avons déclaré les libraires susnommés, qui ont prêté serment, admis à l'exercice de leur profession, voulant que tous jouissent, en tant que nos fidèles suppôts, de nos privilèges, immunités et libertés, et que, à l'avenir, ils soient placés, par les présentes, sous la protection de notre Université; ce que nous signifions par la teneur même des présentes à tous ceux que cela intéresse.

En foi de quoi, nous avons fait dresser le présent acte par Raoul Benoît, notaire par l'autorité apostolique et impériale[1], chargé des intérêts de notre communauté; lequel acte nous avons revêtu du sceau de notre Université, accompagné de la signature et de la formule dudit notaire.

Donné à Paris, au Chapitre de Saint-Mathurin, l'an et jour que dessus.

Suit la teneur de la formule notariale:

Et moi, Raoul Benoît, clerc du diocèse de Rouen, notaire public par l'autorité apostolique et impériale, chargé des intérêts de notre vénérable mère l'Université de Paris,

---

1. Cette formule, qui caractérise le notaire, ne tient-elle pas à ce que l'investiture lui fut, à une certaine époque, donnée par le Saint-Siège, qui, pendant la période du moyen âge, se rattachait au Saint-Empire Romain de nation germanique? Bien que les liens de cette union du Saint-Siège et de l'Empire fussent souvent relâchés, quelquefois brisés, la force de l'usage a pu conserver une formule devenue de tradition et comme sacramentelle dans les actes. C'est ce que confirme la formule suivante, plus explicite, que nous trouvons à la fin du nᵒ 1032, tome II du *Cartulaire de l'Université de Paris*, page 497 : « *Sacri Romani imperii auctoritate publicus notarius*, notaire public par l'autorité du Saint-Empire Romain. »

qui ai assisté aux délibérations et aux décisions de l'Assemblée générale tenue ledit jour, après en avoir dressé procès-verbal et leur avoir donné publicité en cette forme authentique, ai, comme j'en ai été requis, apposé sur les présentes ma signature officielle à côté du sceau de ladite Université[1].

VII

Statuts de l'Université de Paris,
concernant les Libraires et les Stationnaires,
avec mention de leurs noms.

[Cartulaire de l'Université de Paris, nᵒ 825, Tome II, page 273.]

Paris, 26 septembre 1323.

A tous ceux qui ces présentes verront.......

Attendu que les libraires et les stationnaires ont commis de nombreux actes frauduleux et abusifs (*la suite comme au Document VI, page 18, avec quelques changements*).

En foi de quoi nous avons fait apposer notre sceau aux présentes.

Donné à Paris, au Chapitre de Saint-Mathurin, l'an et jour que dessus.

---

1. La date de l'année 1316 n'est pas une date rigoureuse; il se peut que ces statuts remontent à une époque antérieure, comme semble l'indiquer le Document IV, page 10. Les statuts que nous reproduisons ici furent renouvelés d'abord sous la date de l'année 1323 (26 septembre), puis plus tard sous la date de l'année 1342 (6 octobre). C'est même la date de 1323 qui est le plus généralement citée dans les ouvrages qui parlent des règlements de l'Université applicables aux libraires, et que l'usage a adoptée pour les indiquer.

Le P. Denifle, dans le *Cartulaire*, ajoute à ce texte résumé une note dont voici la traduction :

« La date de ce document est ainsi indiquée : « L'an du Seigneur 1323, le jour de la lune avant la fête de Saint Michel Archange. » Le Recteur de l'Université y est désigné sous le nom de maître Jean d'Achères, clerc de Noyon.....

« Les libraires et stationnaires [énumérés au Document VI (page 24)] y sont mentionnés, à l'exception de Jacques de Troins, Jean de Garlande et Guillaume de la Cour. Il est en plus fait mention des suivants :

1. *Jean, dit de Guyendale,* Anglais, serviteur de l'Université ;
2. *Jean de Meillac* (appelé aussi *Meillar* [1]) ;
3. *Pierre de Péronne,* et son épouse *Pétronille* [1] ;
4. *Nicolas d'Écosse ;*
5. *Raoul de Varèdes ;*
6. *Guillaume, dit le Bâtonnier* (Cum baculo) ;
7. *Ponce le Bossu de Noblans* [1] ;
8. *Jean Pouchet ;*
9. *Gilles de Vivars ;*
10. *Jean le Breton le Jeune* [2] ;
11. *Jean de Reims ;*
12. *Richard dit Challamanion ;*
13. *Nicolas d'Irlande ;*
14. *Geoffroy, dit le Normant ;*
15. *Marguerite,* veuve de Jacques de Troins [3] ;
16. *Mathieu d'Arras* [4] ;
17. *Thomas de Wymondlkold,* d'Angleterre.

« Dans le document de 1323 sont cités en tout 28 libraires jures de l'Université (29, avec l'épouse de Pierre de Péronne).

« Sont désignés pour la taxe des livres : Jean de Guyendale, Jean de Saint-Paul, Jean le Breton le jeune et Pierre dit de Péronne.

« En 1342 [5] 28 libraires jurés sont également mentionnés ; mais au XVe siècle, il n'y en avait plus que vingt-quatre [6]. »

---

1. Cité à la suite du Document V, page 16.
2. Sans doute le frère cadet ou le fils de Jean le Breton dit de Saint-Paul, cité au Document VI, page 24.
3. Son époux est cité au Document IV, page 14, et au Document VI, page 24.
4. Cité au Document IV, page 14, et à la suite du Document V, page 16.
5. Voir Document VIII, page 34.
6. C'est une ordonnance de Charles VIII, en mars 1488, qui a fixé définitivement ce dernier chiffre; mais dès 1448 nous constatons que les libraires qui prêtent serment sont désignés « du nombre des 24 » (voir page 42).

VIII

Contribution extraordinaire imposée par l'Université a tous ses Suppots et Officiers.

[Cartulaire de l'Université de Paris, n° 1025, Tome II, page 487.]

Paris, avril-septembre 1339.

L'Université de Paris ordonne, malgré la résistance primitive des théologiens, la levée d'une contribution pour parer aux dépenses des messagers à envoyer à la cour de Rome[1]. A l'exception des membres des Ordres mendiants, toute personne attachée à l'Université, même les libraires, les parcheminiers, les enlumineurs ou les écrivains, étaient tenus de payer au Recteur et aux procureurs siégeant à Saint-Mathurin le quart d'une bourse de semaine[2].

---

1. « Il s'agissait d'envoyer un messager ou député en Cour de Rome, et pour son voyage il fallait de l'argent. L'Université ayant, en conséquence, imposé une légère taxe sur tous ses membres et suppôts, les Théologiens seuls refusèrent de contribuer. Les autres compagnies furent indignées de cette résistance dans une affaire qui importait au bien commun, et elles prononcèrent une peine (privation de six leçons ordinaires) contre les Théologiens, si dans la prochaine assemblée générale ils ne se réunissaient au sentiment de tout le corps. Ils le firent, et le trouble cessa. Les libraires, les parcheminiers et les enlumineurs ou écrivains payèrent la même taxe que les maîtres et écoliers. Je crois que c'est ici pour la première fois que paraissent les enlumineurs comme attachés à l'Université : et ils sont réputés les mêmes que les écrivains, parce que leur travail se rapportait pareillement aux livres, qu'ils ornaient de miniatures. » CREVIER, *op. cit.*, t. II, p. 336.

2. « La *bourse* était une sorte d'estimation usitée dans l'Université, équivalente à la dépense d'un étudiant par chaque semaine, et évaluée communément dans les anciens temps à quatre, cinq ou six *sols*. » CREVIER, *op. cit.*, Table des matières au mot *Bourse*. — Le P. Denifle la définit ainsi : « La Bourse hebdomadaire est le montant des dépenses ordinaires d'une semaine pour la nourriture et les frais d'études, à l'exclusion du loyer et des gages dus au serviteur. »

IX

Statut concernant les Stationnaires et les Libraires.

[Cartulaire de l'Université de Paris, n° 1064, Tome II, page 530.]

Paris, 6 octobre 1342.

A tous ceux qui les présentes lettres verront, l'Université de Paris, comprenant maîtres et écoliers, salut en Notre-Seigneur.

Des plaintes graves frappant souvent nos oreilles au sujet des nombreux préjudices que les stationnaires et les libraires causent, par dol et par fraude, aux maîtres et aux écoliers, malgré les serments qu'ils ont prêtés, nous avons fait citer, selon notre droit, lesdits libraires et stationnaires par-devant nos délégués, chargés, selon la parole du Sauveur disant : « Je descendrai et je verrai si la clameur qui monte jusqu'à moi s'est accomplie par leur œuvre[1] », de juger de l'exactitude des faits énoncés.

Ils ont comparu par-devant les délégués de l'Université. Un exposé fidèle leur a été fait des règlements relatifs à leur emploi, qu'ils avaient précédemment juré d'observer. Quelques-uns d'entre eux furent reconnus coupables, tant par ignorance des règlements, à ce qu'ils prétendaient, que par fausse interprétation de leurs dispositions, contrairement à la pensée et aux intentions de ceux qui les avaient rédigés.

Attendu que les libraires et stationnaires sont tenus, chaque année ou à n'importe quelle époque nous le jugeons convenable[2], de renouveler leurs serments, afin que leur mémoire soit plus fraîche; — et que quatre principaux d'entre eux doivent être élus par nous et confirmés dans leurs

---

1. *Genes.*, xviii, 21.
2. Voir Document I, page 1.

fonctions après une première élection, pour fixer la taxe des livres (nul autre que ces quatre élus n'ayant qualité pour taxer le prix des livres à Paris, comme le décident d'une manière plus explicite les règlements antérieurs que nous avons arrêtés), — nous avons voulu apporter un remède salutaire à la situation ci-dessus visée, et nous avons cité lesdits libraires et stationnaires à comparaître dans notre Assemblée générale tenue, selon l'usage, à Saint-Mathurin, l'an du Seigneur 1342, le 6 octobre.

Chacun d'entre eux, conformément aux obligations de sa charge, après avoir posé la main sur les Saints Évangiles, a juré d'observer les dispositions suivantes :

1º Ils s'engagent à agir toujours de bonne foi et avec loyauté dans le commerce des livres, qu'ils aient à les recevoir pour les vendre, à les garder en dépôt, à les exposer en vente, à en accomplir la vente ;

2º Ils ne feront disparaître et ne dissimuleront aucun des livres qu'ils auront à vendre, mais les présenteront, en temps et lieu voulus, toutes les fois qu'ils seront demandés ;

3º Appelés ou requis par les vendeurs à propos de la vente d'un livre, ils évalueront et déclareront de bonne foi, moyennant salaire, le prix juste et légitime auquel ils croient que le livre offert en vente peut être vendu, comme s'ils avaient l'intention de l'acheter pour eux, le cas échéant ;

4º Au gré du vendeur, ils placeront, en un endroit visible du livre, le prix qu'il vaut et le nom de la personne à laquelle il appartient ;

5º Après être convenus de la vente d'un livre, ils ne l'attribueront pas en toute propriété, ne le livreront pas à l'acheteur et n'en toucheront point le prix avant d'avoir invité le vendeur ou son mandataire à venir en recevoir le montant, s'il le veut bien et que la chose puisse facilement se faire ;

6º Ils déclareront purement et simplement, sans dol ni mensonge, avec entière sincérité, le prix qui leur a été offert pour chaque livre ;

7º Il est défendu à un libraire d'acheter un livre mis en vente par un autre libraire pour le compte d'un maître ou d'un écolier, si ledit livre n'a été au préalable porté publiquement, durant quatre jours de sermons, chez les Frères [1], exposé pour la vente et montré sans fraude à tous ceux qui demandent à en prendre connaissance. Toutefois, dans le cas où, contraint par la nécessité pour cause de départ ou pour tout autre motif, il ne pourrait attendre un pareil délai, le maître ou écolier aura le droit de vendre des livres avec l'autorisation du Recteur en exercice, constatée par sa signature, et les libraires pourront les acheter, sans qu'ils aient été apportés aux sermons ;

8º Nul ne se mêlera en aucune façon de taxer le prix d'un livre, à moins d'être appelé par l'un des principaux libraires jurés [2] ;

9º Dans un compte de vente de livres, les libraires n'auront rien à réclamer au vendeur, s'il est maître ou écolier ; et ils ne prélèveront que quatre deniers par livre, si l'acheteur est étudiant en fait à Paris, et six deniers par livre, si l'acheteur est étranger à l'Université [3] ;

10º Ils ne conviendront, par eux-mêmes ou par d'autres, directement ou indirectement, d'aucun pot-de-vin en sus du

---

1. Voir la note 2, page 22. — Voir aussi les lettres patentes de 1411 (p. 55), qui ne parlent que de trois sermons publics.

2. Le Règlement du 12 [novembre ou décembre] 1403 contenait, sur ce point, la disposition suivante : « Que nul ne se mêle en aucun cas de taxer ou même d'estimer un livre, s'il n'est l'un des quatre principaux libraires jurés ou s'il n'a été appelé par l'un d'entre eux. » Tiré des *Répliques de l'Université à propos des lettres patentes de* 1649, *etc.*, page 19, dans le Recueil factice déjà cité.

3. D'après NATALIS DE WAILLY, *op. cit.*, en 1342 le denier Tournois n'avait plus qu'une valeur de 1ᶜ6977206, et la livre une valeur de 4ᶠ07ᶜ4529425. C'est toujours à peu près la même commission de 1³/₄ pour 100, 7 centimes environ étant prélevés sur 4ᶠ07ᶜ. Dans le second cas, la commission atteignait 2¹/₂ pour 100.

prix taxé par l'Université, et ne devront nullement différer la vente d'un livre en cherchant à surfaire plus ou moins le prix pour leur pourboire;

11° En ce qui regarde les stationnaires, les exemplaires dont ils se servent[1] doivent être exacts et corrects autant que possible;

12° Ils ne doivent rien réclamer pour leurs exemplaires aux maîtres et écoliers au delà du prix taxé par l'Université;

13° Pour les exemplaires non taxés par l'Université, ils ne doivent réclamer qu'un salaire équitable et modéré[2];

14° Ils jurent de ne commettre, dans l'exercice de leur profession, aucune tentative de dol ou de fraude, qui puisse causer préjudice aux étudiants;

15° Tout stationnaire est tenu de placer à la devanture de son magasin un tableau sur parchemin, écrit en lettres nettes et visibles, contenant la liste de tous les exemplaires dont il se sert, et dont il possède des copies, avec indication du prix taxé[3];

16° S'ils ont en leur possession des exemplaires non taxés, les stationnaires ne devront point en donner communication avant de les avoir présentés à l'Université et fait taxer par elle;

17° Ils s'engagent à procurer au mieux et au plus vite les livres utiles aux études de chacune des facultés, pour le plus grand avantage des étudiants et leur propre intérêt[4];

---

1. Pour en faire la copie.

2. Il y a donc ici une distinction. A l'article 12, il s'agit de nouvelles copies d'ouvrages anciens, dont la valeur était précédemment taxée; à l'article 13, de la copie d'un ouvrage nouveau, dont la valeur sera taxée par l'Université après entente avec le stationnaire, éditeur ou écrivain, conformément à l'article 16 ci-dessous.

3. Cette disposition était reproduite textuellement dans le Règlement de 1403. (V. *Répliques*, etc., page 30, dans le Recueil factice déjà cité.)

4. Voir la note 2 de la page 9.

18° S'il leur arrive de se procurer quelque exemplaire d'un ouvrage nouveau, ils n'en profiteront point, soit pour eux-mêmes, soit en faveur d'autres, avant de les avoir fait approuver, corriger et taxer par l'Université[1] ;

19° Ils ne vendront ou aliéneront à quelque autre titre leurs propres exemplaires[2] sans le consentement de l'Université;

20° Tout stationnaire qui se rendra coupable de violer le règlement ci-dessus ou quelqu'une de ses dispositions, ou d'y contrevenir, sera déclaré entièrement déchu de son emploi et en restera privé jusqu'à ce qu'il ait donné une satisfaction convenable à l'Université et ait été agréé de nouveau par elle.

Voici les noms des libraires et stationnaires[3] qui ont prêté serment :

> Thomas de Sens[4],
> Nicolas des Branches,
> Jean Vachet,
> Jean Petit (ou Parvy), de nationalité anglaise,
> Guillaume d'Orléans,
> Robert Scot ou d'Ecosse,
> Jean, dit Prestre-Jehen[5],
> Jean Poniton (ou Ponton)[5],
> Nicolas Tirel[5],
> Geoffroy le Cauchois,
> Henri de Cornouailles[6],

---

1. Ici il y a plus qu'un droit de taxe et de vérification; il y a un droit de censure exercé par l'Université sur tout ouvrage nouveau. Ce dernier droit sera revendiqué à son profit par l'Université après la découverte de l'imprimerie.

2. Les exemplaires dont ils se sont rendus acquéreurs pour en faire des copies et qu'il importait à l'Université de réserver pour le contrôle de la correction de ces copies.

3. Voir la note 4, page 24.

4. Déjà cité dans le Document IV, page 12, et note 2, et dans le Document VI, page 25.

5. Cité à la suite du Document V, page 16.

6. Cité à la suite du Document V, page 17.

Henri de Nevanne,
Jean Le Grand,
Conrard l'Allemand,
Gilbert de Hollend [1],
Jean de la Fontaine,
Thomas l'Anglais,
Richard de Montbaston [1],
Herbert, dit de Martray,
Yves Greal,
Guillaume, dit le Bourguignon,
Mathieu Le Vauvasseur [1],
Guillaume de Chevreuse [1],
Yves, dit le Breton [1],
Symon, dit l'Escolier [1],
Jean, dit le Normant,
Michel de la Vacquerie,
Guillaume Herbert.

Pour la présente année, nous désignons comme les quatre principaux libraires chargés de taxer les livres : Jean de la Fontaine, Yves dit Greal, Jean Vachet et Alain le Breton, principal serviteur de la faculté de droit. A ces quatre libraires seuls appartiendra le droit de taxer les livres; deux au moins devront être présents pour fixer la taxe. Si deux d'entre eux ou un seul sont absents, ils n'en percevront pas moins les mêmes honoraires que leurs collègues présents qui ont fonctionné, à moins qu'ils n'aient refusé de se rendre à la convocation faite régulièrement.

Dans le cas où les délégués chargés de fixer la taxe ou quelqu'un d'entre eux seraient amenés à s'adresser à quelque autre libraire pour faire une prisée, celui qui la fera touchera les droits d'un délégué; mais si plusieurs

---

1. Cité à la suite du Document V, page 17.

experts ont fonctionné, ils n'auront pour honoraires qu'une
seule part à diviser entre eux tous.

Ces quatre délégués auront aussi pour mission de rechercher si quelque personne exerce l'office de libraire ou de
stationnaire sans avoir prêté serment ; ils ont pleins pouvoirs
pour exiger de ceux, qui exercent lesdits emplois dans de
telles conditions, des gages qu'ils devront présenter à
l'Université dans la première Assemblée générale.

Si lesdits délégués ont besoin d'être assistés dans l'exercice de leurs fonctions, tout serviteur de l'Université est
tenu, de par son serment, de se tenir à leurs côtés et de leur
donner son concours gracieusement et sans difficultés, sur
réquisition de l'un d'entre eux.

Nous défendons expressément à tout libraire qui n'est
point parmi les quatre principaux chargés de taxer les livres,
de faire de ceux-ci une prisée quelconque.

Nous nous réservons toutefois la faculté de désigner quatre
autres délégués pour l'année suivante, si tel est notre bon
plaisir et qu'un choix nouveau nous semble utile.

En conséquence, nous avons agréé et admis les susnommés
au titre et à l'emploi de libraires jurés de l'Université, voulant que, en qualité de fidèles suppôts de l'Université, ils
jouissent, tous et chacun, de nos privilèges, libertés et franchises, autant et comme il conviendra, et déclarant par les
présentes qu'ils sont placés à l'avenir sous notre protection.

En foi de quoi est apposé aux présentes lettres le sceau de
l'Université.

Fait l'an du Seigneur 1342, le 6 octobre.

X

HENRI DE LECHELADE, ANGLAIS, STATIONNAIRE ET LIBRAIRE
DE L'UNIVERSITÉ, PRÊTE LES SERMENTS D'USAGE.

Paris, 23 avril 1350.

[Cartulaire de l'Université de Paris, n° 1179, Tome II, page 657].

A tous ceux qui les présentes lettres verront, l'Official de
la Cour de Paris, salut en Notre-Seigneur.

Savoir faisons que par-devant nous a comparu en personne Henri de Lechelade[1], Anglais, du diocèse de Wor-
cester, lequel a déclaré sa volonté et son intention formelle de vivre sous la protection de sa mère l'Université de
Paris, d'exercer dans cette ville, consciencieusement et
loyalement, l'office de libraire et de stationnaire en se con-
formant aux usages établis, d'observer, autant qu'il dépen-
dra de lui, les statuts et règlements de ladite Université
relatifs aux susdits offices, de ne faire encourir aux maîtres
et écoliers, par son fait ou sa faute, aucun dommage ou
préjudice, de ne commettre à leur égard ni vol ni fraude
par la perte ou la dissimulation des livres qui lui auraient
été remis, enfin selon ses propres paroles, de ne les léser
en quoi que ce soit. En conséquence, il s'est engagé, par
serment, à exercer avec conscience et loyauté, dans la ville
susnommée, le double office de libraire et de stationnaire,
d'observer, autant qu'il dépendrait de lui, les statuts et
règlements de l'Université relatifs à ces emplois; et pour
assurer l'exécution et l'exacte observation de ces divers
engagements, ledit Henri oblige tous ses biens et ceux de
ses héritiers, meubles et immeubles, présents et futurs, au
profit de l'Université de Paris. En outre, Henri le Franc, de
Venne[2], Anglais, bourgeois de Paris et libraire, s'oblige

---

1. Lechlade, comté de Glocester. (*Note du P. Denifle.*)
2. Venn-Ottery (Cornouailles)? (*Note du P. Denifle.*)

sur tous ses biens, meubles et immeubles, et ses propriétés
existant dans la ville de Paris, solidairement avec ledit
Henri, afin de rendre les maîtres et écoliers entièrement
indemnes, et ce, jusqu'à concurrence de la somme de cent
livres Parisis[1], qui devront être payées à l'Université dans
le cas où elle reconnaîtrait qu'il y a eu faute dans l'exercice
de l'emploi de libraire et de stationnaire, conformément à
sa décision. En foi de quoi nous avons fait apposer sur les
présentes lettres le sceau de la Cour de Paris. Fait en l'an
du Seigneur 1350, le vendredi qui suit le dimanche où l'on
chante *Jubilate*[2].

Le P. Denifle ajoute à ce document une note, dont voici la traduction :

« On trouve vers la même époque d'autres actes de teneur identique ou
à peu près. Voici les libraires auxquels ils se rapportent :

Guidomare de Cuomeneuc[3], clerc, libraire (le jeudi qui suit les Miséri-
cordes du Seigneur, 1350[4]);

Agnès, *veuve de Guillaume d'Orléans*[5], libraire (le jour de la lune qui suit
l'Ascension, 1350);

Nicolas de Zélande, dit *Martel*, et sa femme *Marguerite*, demeurant à Paris,
grande rue Saint-Jacques, libraires et stationnaires (1350, le vendredi qui
suit la fête de Sainte Marie-Madeleine[6]; le 8 juin 1351, Jean Diacre, de
Reims, Recteur de l'Université, leur fit prêter serment et leur octroya licence
d'acheter et de vendre des livres et feuilles détachées à Paris et ailleurs[7]);

Jean, *dit Persenal* ou *Perseval*, du diocèse de Laon, écrivain et libraire
juré de l'Université (le mardi qui suit la fête de l'Assomption[8], 1350);

Christophe de Ravenel, du diocèse de Beauvais, écrivain et libraire juré
de l'Université (le mardi qui suit la fête de l'Assomption, 1350);

Roger Marcote, du diocèse de Lisieux, libraire (le mercredi, veille de
l'Ascension de Notre-Seigneur, 1351);

---

1. D'après les tables de NATALIS DE WAILLY, *op. cit.*, 100 l. Par. représentaient
en 1350 une valeur de 1441' 75°.

2. Le 3e dimanche après Pâques.

3. Le nom est presque illisible. Peut-être s'agit-il de Crommenouk (Nord)? (*Note
du P. Denifle.*)

4. Le 2e dimanche après Pâques.

5. Guillaume d'Orléans est cité dans le document IX, page 34.

6. 22 juillet.

7. Voir, à l'APPENDICE, pages 48 et 49, les actes qui les concernent.

8. 15 août.

Henri Guillot, clerc, du diocèse de Quimper, libraire (le dimanche qui suit la fête de Saint Mathieu [1], apôtre et évangéliste, 1351, puis le samedi qui précède la fête de la Nativité de Saint Jean-Baptiste [2], 1353);

Jean de Beauvais, bourgeois de Paris, libraire (le 9 juin 1353);

Jeanne, veuve de Richard de Montbaston [3], enlumineuse, libraire jurée de l'Université (le dimanche, veille de la fête de Sainte Marie-Madeleine, 1353);

Daniel de Loctey, du diocèse de Quimper, libraire (le vendredi qui précède la fête de Saint Jean-Baptiste, 1354). »

—————

Le P. Denifle a bien voulu nous informer qu'il existait aux Archives nationales de Paris, à des dates postérieures à 1354, des « lettres en latin et en français des Recteurs de l'Université, de l'Official ou du Prévôt de Paris, relatives aux offices de libraires, enlumineurs de livres, parcheminiers jurés de l'Université de Paris et aux serments prêtés, engagements pris et cautionnements donnés par lesdits jurés de ladite Université, conformément à ses statuts ». Nous en avons pris connaissance et nous avons pu, grâce à l'obligeance de notre jeune confrère, M. Auguste Picard, archiviste paléographe, auquel nous exprimons ici tous nos remerciements [4], dresser la liste des libraires nommés dans ces divers actes [5] :

Étienne de Fontaines (serment), de nouveau admis à l'office de libraire (le jour de la lune qui suit la fête de Saint Michel Archange [6], 1367);

Henry Luillier [7] (caution complémentaire de 100 livres), libraire, l'un des quatre principaux libraires jurés (le lundi 10 mars 1371);

Robert l'Escuier, libraire; il sert de caution à Henry Luillier, le lundi 10 mars 1371, et, le 13 septembre 1389, fournit lui-même caution de 200 livres en qualité de l'un des quatre grands libraires de l'Université; il demeurait alors en la rue Neuve-Notre-Dame et succédait, dans cet emploi, à « honorable homme et sage maistre *Tibault Tiessart* »;

Yvon de Run, ou *Lyvon du Ru* [8] (caution), du diocèse de Léon en Bretagne,

1. 21 septembre.
2. 24 juin.
3. Richard de Montbaston est cité à la suite du Document V, page 17, et dans le Document IX, page 35.
4. Nous devons également remercier M. Elie Berger, des Archives nationales, qui a bien voulu contrôler et éclaircir quelques points nous laissant des doutes.
5. Plusieurs de ces actes sont publiés *in extenso* dans les *Actes concernans*, etc.; nous en citons quelques-uns à l'APPENDICE.
6. 29 septembre.
7. Voir la note 2, page 44.
8. Yvon Drun, d'après M. SIMÉON LUCE, *La France pendant la Guerre de Cent ans*, p. 249. — Les deux époux hypothèquent, et donnent en garantie, « une maison sise à Paris au mont Saint-Hilaire en la censive de Saint-Marcel; une autre sise à Paris rue de la Parcheminerie oultre le Petit Pont en la censive de l'Hôtel-Dieu

libraire de l'Université, et *Marion*, son épouse, « suffisamment autorisée de son dit mari en ceste partie » (le 28 février 1372);

Jean Garrel, dit de Chartres (caution de 20 livres[1]), libraire, demeurant à Saint-Denis en France (le jeudi 7 octobre 1372);

Jean Valens de Verdun (caution de 40 livres), de nouveau reçu et admis en qualité de libraire (le mardi, veille de Saint André, 29 novembre 1373);

Jean Posteh ou *Postel* (caution de 100 livres), clerc, libraire (le samedi qui précède la fête de Saint Rémi[2], 29 septembre 1375); le Recteur recevait son serment de nouveau le 4 octobre 1387;

Pierre de la Porte (caution de 200 livres), clerc du diocèse de Paris, notaire apostolique et impérial, demeurant à Paris grande rue Saint-Jacques, l'un des quatre libraires et stationnaires jurés commis à taxer, reconnaître et apprécier les livres, présentant parmi ses garants *Jean d'Acy*[3], enlumineur de livres, rue Neuve-Notre-Dame (le 21 janvier 1376);

Yvon de Kaerloquet[4] (caution de 100 livres), du diocèse de Léon en Bretagne, libraire juré de l'Université de Paris (le mardi après la Trinité, 26 mai 1377);

Guidomare de Sienne (caution de 200 livres), stationnaire juré et l'un des quatre grands libraires jurés de l'Université de Paris, demeurant rue des Noyers (le 21 octobre 1377);

Martin Luillier (caution de 50 livres), parcheminier et libraire juré de l'Université, présentant pour caution *Henry Luillier*, son oncle, libraire juré (le 29 mai 1378);

Jean, dit Cornete (caution de 100 livres), clerc, écrivain de livres, libraire juré de l'Université de Paris (le 3 juin 1378);

Étienne, dit Angevin[5] (serment), écrivain, clerc du diocèse de Sens, admis au double office d'écrivain et de libraire (le 5 juin 1378);

Gaucher Beliart (caution de 50 livres), libraire (le 31 août 1378)[6]. Le 28 février 1380, il renouvelait son serment et avait alors pour garants *Jean de Gauchy*, libraire, demeurant à Paris, près des Filles-Dieu-de-Paix[7], et *Philibert Langele*, enlumineur, cité dans les lettres patentes de 1368 (page 46):

---

de Paris; une troisième maison en la rue Saint-Hilaire en la censive de Révérend Père en Dieu Mgr l'Évêque de Paris; une quatrième maison sise à Paris devant les Cordeliers en la censive des religieux de Saint-Germain des Prés. »

1. L'acte de Jean Garrel nous apprend deux faits intéressants : 1º l'installation d'un libraire juré à Saint-Denis où se tenait la foire du Lendit, sur laquelle le Recteur prétendait avoir quelque autorité pour exercer surtout son droit de prélèvement sur chaque botte de parchemin qu'y apportaient les marchands forains; 2º la réduction de la caution à 20 livres pour un libraire établi hors de Paris.

2. 1ᵉʳ octobre.

3. Nommé Darcy dans les lettres patentes de 1368, page 46.

4. M. Siméon Luce, *op. cit.*, page 249, a lu et l'appelle *Cahersaous*.

5. Voir la note 1, page 45.

6. Voir la reproduction de son acte de caution, à l'APPENDICE, page 53.

7. Le couvent des Filles-Dieu était bâti à l'entrée du faubourg Saint-Denis. Voir

Jean Le Beloys (caution de 5o livres), clerc du diocèse de Noyon, libraire juré (le 10 décembre 1379);

Guillaume Guennon ou *Guinon* (caution de 5o livres), clerc du diocèse de Quimper, libraire de l'Université (le jour de la lune après l'Épiphanie[1], 138o); le 14 décembre 1384, il fournissait une caution complémentaire, en qualité de l'un des quatre principaux libraires jurés de l'Université de Paris, et présentait alors comme l'un de ses garants *Olivier de l'Empire*, libraire, également l'un des quatre principaux libraires de l'Université de Paris;

Jean de Gauchy (caution de 5o livres), demeurant à Paris à la Porte Saint-Denys, près des Filles-Dieu, libraire (le 28 février 138o); l'un de ses garants était *Gaucher Beliart*, libraire, auquel il avait rendu le même service;

Jean Cauchon (caution de 5o livres), libraire juré, enlumineur, demeurant rue de la Parcheminerie, près Saint-Séverin (le 11 août 138o); à la même date, licence lui était donnée par le Recteur d'exercer les deux offices de libraire et d'enlumineur;

Jean de Saint-Loup (serment), clerc du diocèse de Reims, demeurant à Paris, à l'enseigne du *Cheval rouge*, libraire (le 26 octobre 1385);

Jean le Moine (serment), parcheminier et libraire (le 23 février 1386);

Pierre de Villiers (serment), libraire (le 4 octobre 1387);

Étienne Baudin (serment), libraire (le 4 octobre 1387);

Jean Daniel, dit Pitart (serment), libraire (le 4 octobre 1387);

Robert Milet ou *Milot* ou *Miot?* (serment), libraire (le 4 octobre 1387);

Jacques Richier (serment), libraire (le 4 octobre 1387);

Jacques du Gué (serment), libraire et stationnaire (le 21 octobre 1387, et le 20 octobre 1391);

Robert Jacquin (serment), libraire, stationnaire, papetier (le 29 novembre 1387);

Pierre Damedieu ou *Donnedieu*[2] (serment), libraire (le 10 décembre 1387);

Guillaume de Champ-Divers (serment), libraire (le 10 décembre 1387);

Guillaume Moustardier[3] (serment), libraire (le 14 décembre 1387);

Simon Millon (licence du recteur), *vrai* libraire et relieur de livres juré (le 3 septembre 1388);

SAUVAL, tome I, liv. IV, p. 470 et s. Certains libraires pouvaient donc exercer leur office en dehors du territoire ou quartier de l'Université; remarquons toutefois que Jean de Gauchy demeurait sur la route qui mène à Saint-Denis, où se tenait la célèbre foire du Lendit.

1. 6 janvier.

2. D'après J. BARROIS, *Bibliothèque protypographique*, liminaire, fol. XVI, note.

3. Y avait-il un lien de parenté entre ce libraire et *Jean le Moustardier* que M. Léopold Delisle cite comme copiste au service du duc de Berry? « Aux livres donnés venaient s'ajouter ceux que le duc [de Berry] achetait... à des copistes et à des marchands comme *Jean le Moustardier*, écrivain de lettre de forme, *Renaud du Montet*, libraire, *Hennequin de Virelay*, *Baude de Guy* et *Bureau de Dammartin*. » Voir *Cabinet des manuscrits de la Bibliothèque nationale*, t. I, page 61.

Jean Fourre (serment), libraire, stationnaire et papetier (le 5 décembre 1389);

Charles Garineau (caution de 5o livres), libraire (le 31 juillet 1391);

Colin Gondran (caution de 5o livres), clerc du diocèse de Paris, libraire (le samedi après la fête de l'Invention de Saint Étienne, premier martyr, 3o décembre 1391);

Guymart le Viel, autrement dit *Senil* (caution de 2oo livres), libraire, successeur dans la charge d'un des quatre principaux libraires jurés de l'Université de Paris (le 24 janvier 1393);

Jean Pennier (caution de 1oo livres), clerc, libraire juré (le 24 janvier 1394);

Michel du Riez ou *du Ris* (caution de 2oo livres), un des quatre libraires principaux de l'Université (le 18 octobre 14o8);

Jean Le Roy (caution de 1oo livres), libraire juré, l'un des 24[1] (le 16 avril 1448);

Denis Tronchart (caution de 1oo livres), libraire juré, l'un des 24 (le 16 avril 1448);

Jean Pocquet Laisné (caution de 1oo livres), libraire juré, du nombre des 24 (le 18 avril 1448);

Martin Guignon (nomination), libraire (le 19 juin 1456[2]).

Nous nous arrêtons à l'époque où les premiers imprimeurs se sont établis à Paris, en 147o.

---

1. Dès 1448, il n'y avait donc plus que 24 libraires jurés, officiellement reconnus.

2. Ce dernier nom nous est fourni par les *Actes concernans, etc.*, page 25.

APPENDICE

DOCUMENTS TIRÉS DU *RECUEIL DES PRIVILÈGES DE L'UNIVERSITÉ DE PARIS* ET DES *ACTES CONCERNANS LE POUVOIR ET LA DIRECTION DE L'UNIVERSITÉ DE PARIS SUR LES LIBRAIRES*, ETC.

XI

LETTRES PATENTES DE CHARLES V
PORTANT EXEMPTION DU GUET ET DE LA GARDE DES PORTES.

Paris, 5 novembre 1368.

[Recueil des Privilèges de l'Université de Paris (1674), page 82.]

CHARLES, par la grace de Dieu Roy de France, au Prevost de Paris ou à son Lieutenant, salut.

Oüye la supplication qui nous a esté faite de par nostre tres-chere Fille l'Université de Paris, pour ses Serviteurs, Librai-res, Escrivains, Relieurs de Livres et Parcheminiers, conte-nant que vous ou vos Commis, ou autres Cinquanteniers ou Dizainiers de nostre ville de Paris, vous estes efforcez et voulez et veulent s'efforcer de les contraindre à faire Guet et Garde de nostredite Ville, de jour et de nuit, quant vient à leur tour, comme nos autres Sujets Habitants de nostredite Ville, dont les Docteurs, Maistres, Bacheliers, Escholiers et Estudians de ladite Université ont esté et sont, si comme (*ainsi que*) nous avons entendu plusieurs fois, empéchez et delayez en leurs œuvres et besongnes, contre la teneur des Privileges octroyez à nostredite Fille l'Université et à leurs Serviteurs dessus dits, Nous, désirans nostredite Fille l'Uni-versité et les Serviteurs d'icelle joüyr de leurs Privileges, Voulons et vous Mandons que lesdits Serviteurs de l'Uni-versité, desquels elle nous a baillez les noms par écrit[1]; c'est à sçavoir :

---

1. Les lettres patentes de Charles VIII, datées de Chinon en mars 1488, modi-fièrent la répartition des suppôts de l'Université se rattachant à l'industrie du

Maistre Foucault de Dole,
Jean de Beauvais [1],
Jean de la Porte,
Roland Gautier.
Henry Luillier [2],
Estienne Ernoul,
Guillaume Lescouvet, } Libraires ;
Agnes Dorleans [3], } (**14**)
Denys Benart,
Philippot de Troyes,
Jean Chastaigne,
Antoine de Compiègne,
Guilleaume le Conte,
Jean Lavenant [4],

---

livre ; ils comprirent alors 24 libraires, 4 parcheminiers (les 4 jurés du métier), 4 marchands vendeurs de papier demeurant à Paris, 7 ouvriers ayant moulins et faiseurs de papier, dont 3 demeurant à Troyes en Champagne, 4 à Corbeil et à Essonne ; 2 enlumineurs, 2 relieurs, 2 *écrivains de livres*. C'est qu'il y avait dix-huit ans que l'imprimerie avait fait son apparition à Paris, où Jean de la Pierre, prieur de Sorbonne, avait appelé Ulrich Géring, Martin Krantz et Simon Friburger. La profession d'écrivain avait considérablement perdu de son importance ; et il est à présumer qu'elle n'était plus à cette époque exercée qu'isolément. Le rôle de l'ancien stationnaire passait aux imprimeurs. Et telle était la force de l'usage que, comme on ne connaissait plus l'ancien nom de *stationnaire*, et que l'on n'était pas encore familiarisé avec celui d'*imprimeur*, la dénomination de *libraire* fut la plupart du temps employée indifféremment pour désigner ceux qui faisaient commerce des livres ou ceux qui les produisaient. Malgré le mérite de son travail ou son habileté, l'imprimeur fut souvent effacé par le libraire, dont il exécutait les ordres, et au service duquel il paraissait attaché. Les imprimeurs qui ont été le plus en renom étaient en même temps libraires.

1. Il était également parcheminier ; voir page 47. — M. Léop. Delisle (*Cabinet des manuscrits de la Bibliothèque nationale*, t. II, pages 128-129) le cite comme ayant vendu divers manuscrits à Étienne de Conty, le principal bienfaiteur de la bibliothèque de Corbie (vers 1374).

2. Il était l'un des libraires du roi Charles V, qui s'était créé une nombreuse et belle bibliothèque. « Henri Luillier possédait, en 1373, à Paris en la rue Neuve-Notre-Dame une maison où pendait pour enseigne l'écu de France. Il paraît avoir copié, en 1371, un exemplaire du *Gouvernement des Princes*, que Charles V fit couvrir avec beaucoup de luxe. » Voir Léop. Delisle, *op. cit.*, t. I, page 36, et t. III, p. 139, note 1. — Henri Luillier a donc été écrivain en même temps que libraire. Voir son acte de caution, à l'Appendice, page 50.

3. Citée à la suite du Document X, page 38.

4. C'était également un des libraires de Charles V. « Jean Lavenant est qualifié

Thevenin Langevin[1],
Estienne de Fontaines[2],
Raoulet Dorleans[3],
Jean le Bourguignon,
Perrin Cartain,
Colin de Moncornet,
Robert Langlois,
Lyvon du Ru[4],
Adam Langlois,
Robert Vernier,
Pierre des Ventes,

} Escrivains[5];
(11)

---

de *scriptor librorum regis* dans une lettre du 29 avril 1364, qui lui assignait des gages de quatre sols par jour. » (Léop. Delisle, *op. cit.*, t. I, page 36). Il était donc aussi écrivain en même temps que libraire.

1. Le même qu'Étienne dit Angevin, dont l'acte de serment et de caution se trouve dans les *Actes concernans, etc.*, p. 16, à la date du 31 août 1378. Nous l'avons reproduit plus loin, page 52. — « D'ordinaire, le duc [Louis d'Orléans] ne traitait pas directement avec les copistes; il s'adressait à Étienne [ou Thévenin] l'Angevin, libraire, qui fournissait le parchemin, surveillait le travail et payait les salaires. C'est dans ces conditions que fut exécuté de 1394 à 1397 un *Miroir historial* en quatre volumes. » Léop. Delisle, *op. cit.*, t. I, pages 99; 100, note 1; 101, note 5; 102, note 5.

2. Cité à la suite du Document X, page 39.

3. « Une somme de cinq livres fut payée en 1371 à Raoulet d'Orliens à valoir sur le prix des *Ethiques* et des *Politiques* que Charles V lui faisait faire. » Il travaillait en 1396 pour le duc d'Orléans. Voir Léop. Delisle, *op. cit.*, t. I, page 36, et t. III, page 154, note 4, et page 328.

4. Cité sous le nom d'*Yvon de Run*, page 39.

5. Nous trouvons mentionnés par M. Léop. Delisle, *op. cit.*, les noms de : *Henri du Trevou*, copiste à la date de 1394 (t. I, p. 35); p. 102, n. 6, il est qualifié de libraire et avait pour client le duc Louis d'Orléans; v. encore t. III, p. 306, 307, 328; — *Jean Colin*, copiste, à la date de 1395 (t. I, p. 99); — *Oudin de Carvanay*, copiste, sans indication de date (t. I, p. 36); — *Jean le Tonnelier*, copiste, en 1464 (t. III, p. 344, *add.* à la page 113 du t. I), etc. — On trouvera dans la Table des matières qui termine le tome III, au mot *Copistes*, une longue liste de copistes français ou étrangers relevés par M. Delisle.

M. Siméon Luce (*La France pendant la Guerre de Cent ans*, page 247 et s.) cite *Raoul Tainguy* comme copiste; il vivait à la fin du XIIIe et au commencement du XIVe siècle.

Nicolas Flamel (1330-1418), également célèbre par ses connaissances en alchimie, exerça la profession d'écrivain juré.

Jean le Noir [1],
Pierre de Blois,
Phelibert Langele [2],
Pierre le Normant,
Jacques le Riche [3],
Jean de Sez,
Jean Darcy [4],
Perrin Remy,
Joachim Troislivres,   Enlumineurs [7];
Guillaume le Lorrain,   (15)
Jean Passemer,
Robert Lescuyer [5],
Robin Quarré,
Jean Grenet,
Perrin Darraines [6],

---

1. M. Léopold Delisle (*op. cit.*, t. I, page 36) cite *Jean le Noir* et *Bourgot*, sa fille, comme enlumineur et « enlumineresse » de Charles V. « Celui-ci leur donna, en 1358, une maison sise à Paris rue Troussevache. » Cette rue était située vis-à-vis de la rue de la Ferronnerie, dans la rue Saint-Denis. (Sauval, t. I, l. ii, p. 165.)

2. Il servit de caution à Gaucher Beliart, libraire, en 1380. V. page 40.

3. Serait-il le même que *Jacques Richier*, qui prêta serment de libraire le 4 octobre 1387 ? V. page 41.

4. Jean Darcy ou d'Acy servit de caution à Pierre de la Porte, libraire, en 1376; à cette époque il demeurait rue Neuve-Notre-Dame (v. page 40).

5. Il devient libraire en 1371, et, en 1389, l'un des quatre grands libraires (v. page 39).

6. Ou Pierre Dareynes. L'acte de son serment est reproduit à la date du 12 septembre 1383, dans les *Actes concernans, etc.*, page 18.

7. Voici quelques autres noms d'enlumineurs que nous avons pu recueillir :
En 1338, Richard dit de Montbaston, en même temps libraire;
En 1353, Jeanne, veuve de Richard de Montbaston, en même temps libraire;
En 1380, Jean Cauchon, en même temps libraire.
M. Léopold Delisle (*op. cit.*, t. I, page 61) nous fait connaître trois autres enlumineurs ou peintres : « Non content d'acquérir les plus beaux manuscrits qui se trouvaient en vente, Jean [duc de Berry] s'en faisait copier et enluminer par d'excellents artistes qu'il prenait à ses gages. Les anciens inventaires mentionnent deux volumes que le duc avait fait faire à ses ouvriers; ils citent en particulier maître *André Beauneveu, Pol de Limboury* et *Jacquemart de Hesdin.* » Voir aussi tome III, p. 338, une addition sur André Beauneveu, puis t. I, p. 112 et 113, et t. III, Table des matières, p. 435, au mot *Enlumineurs.*

Jean de Dueil,
Mathieu Coignie[1],
Tevenin le Lanternier,   Relieurs de Livres[2] ;
Denisot de Soine,   (6)
Michelet Marcure,
Rogier de Ruëneuve,

Jean l'Hermite,
Yvain le Clerc,
Jean Poillane,
Henry le Petit,
Pierre Davy et sa mere,
Yvin le Bourguignon.
Jean Courrat,
Girart de Soissons,
Robert Emelot,   Parcheminiers[3] ;
Robert Pelerin,   (18)
Jean des Champs,
Andriet Passemer,
Michaut le pere,
Pierre Emelot,
Jean de Beauvais,
Thiery de Fontaines,
Jean Jovan,
Jeannin Lallemant,

---

1. Ou Mathieu Congnée, qui travaillait pour le roi Charles V pendant l'année 1367-1368. (LÉOP. DELISLE, *op. cit.*, t. I, page 36.)

2. Nous trouvons plus tard, en 1388, mention de Simon Millon, relieur de livres juré, en même temps que libraire (page 41). M. LÉOP. DELISLE (*op. cit.*, t. III, Table des matières, au mot *Relieurs*) cite un certain nombre de relieurs français ou étrangers, de date ancienne, entre autres Marguerite « la relieresse » et Jacques le relieur, en 1359 (t. I, p. 17).

3. Voici d'autres noms de parcheminiers que nous avons rencontrés :

En 1368, Martin Olivier, en même temps libraire;

En 1386, Jean Le Moine, en même temps libraire;

En 1448, Pierre Bourdant, caution de Jean Pocquet Laisné (*Actes concernans, etc.*, page 24).

Vous ne contraigniez ne (*ni*) souffrez estre contraints par Quarteniers, Cinquanteniers, Dixeniers ou autres Officiers ou Commissaires, à faire Guet ne (*ni*) Garde de par nuit ne par jour en ladite Ville de Paris, ains (*mais*) les en tenez et faites tenir paisibles, et, se (*si*) pour l'occasion dessus dite aucuns de leurs gages ou biens sont pris ou empéchez, faites leur rendre et délivrer sans delay, car ainsi le Voulons Nous estre fait et l'avons octroyé et octroyons à nostredite Fille et aux personnes dessus dites de grace speciale, nonobstant ordonnances ou defenses au contraire.

Donné à Paris le 5ᵉ jour de Novembre, l'an de Grace 1368, et de nostre règne le cinquième.

XII

ACTE DE LA CAUTION FOURNIE PAR NICOLAS DE ZÉLANDE, PASSÉ PAR-DEVANT L'OFFICIAL DE LA COUR DE PARIS.

Juillet 1350.

[Actes concernans, etc., p. 19; traduction.]

A tous ceux qui les présentes lettres verront, l'Official de la Cour de Paris, salut en Notre-Seigneur.

Savoir faisons que par-devant nous ont comparu en personne Nicolas de Zélande, dit Martel, et Marguerite, son épouse, demeurant à Paris, dans la grande rue Saint-Jacques, en une maison qui tient d'un côté à la maison de Millon, dit le Barbier, de l'autre à la maison de Thomas de Mendane, par-derrière à la maison de noble et honorable homme sire de Revel, en la censive de l'Hôtel-Dieu et de l'Université de Paris, conformément à leur dire; lesquels ont affirmé par serment et promis de bonne foi, en notre présence, que, ladite Université les ayant admis à l'exercice des professions de libraire et de stationnaire, ils déclaraient leur intention et volonté formelle de vivre loyalement sous la protection de ladite Université, leur mère, de ne se rendre coupables d'aucun préjudice ni d'aucune fraude à l'égard des maîtres, écoliers ou autres personnes, par la perte ou le recel de livres ou autres objets, de remplir et exercer ledit office avec loyauté et fidélité, sans causer aucun tort ou dommage, par fraude ou tromperie, à quelque maître, écolier ou autre personne quelconque. Afin d'assurer l'accomplissement desdites promesses, les époux susdits ont spécialement engagé en garantie à l'Université la maison ci-dessus désignée, où ils habitent actuellement, et en outre tous leurs autres biens, meubles et immeubles, présents et futurs, en quelque lieu qu'ils existent ou pourront se trouver, et ont déclaré se soumettre à la juridiction de notre Cour de Paris, en quelque endroit qu'ils se transporteraient. En foi de quoi, nous avons fait apposer aux présentes le sceau de la Cour de Paris. Donné l'an du Seigneur 1350, le vendredi qui suit la fête de Sainte Marie Magdeleine[1].

XIII

ATTESTATION PAR LE RECTEUR DU SERMENT PRÊTÉ PAR NICOLAS DE ZÉLANDE.

8 juin 1351.

[Actes concernans, etc., p. 11; traduction.]

A tous ceux qui les présentes lettres verront, Jean Diacre, de Reims, Recteur de l'Université de Paris, salut éternel en Notre-Seigneur.

Sachez que par-devant nous ont comparu en personne

---

1. 22 juillet.

Nicolas de Zélande, dit Martel, et Marguerite, son épouse,
demeurant à Paris, lesquels, désirant et voulant vivre sous
la protection de l'Université, notre mère, et exercer heureu-
sement audit lieu la profession de libraire et de stationnaire,
nous ont humblement supplié de vouloir bien les admettre
au serment qu'ont prêté les autres libraires et stationnaires
exerçant à Paris. Faisant bon accueil à leur demande, nous
leur avons exposé et nous leur avons fait prêter tous les
serments, que l'Université, notre mère, a prescrits en ce qui
concerne l'exercice de l'office de libraire et de stationnaire
à Paris. Les formalités étant remplies et les serments prêtés,
nous, autant qu'il est en notre pouvoir, leur avons accordé,
donnons et accordons l'autorisation d'acheter et de vendre
des livres à Paris et ailleurs, conformément aux règlements
de notre mère ladite Université et aux modifications qui y
ont été apportées. Par la teneur des présentes, nous les
plaçons sous la protection de l'Université, voulant que, en
qualité de libraires jurés, ils jouissent des mêmes privilèges, libertés et franchises dont les autres libraires et
stationnaires exerçant à Paris ont toujours joui jusqu'à présent. En foi de quoi, nous avons fait apposer aux présentes
le sceau du Recteur de l'Université. Donné l'an du Seigneur
1351, le 8 juin.

XIV

Acte de caution reçu par le Prévôt de Paris.

10 mars 1371.

[Actes concernans, etc., p. 13.]

A tous ceux qui ces présentes lettres verront, Hugue
Aubriot, Garde de la Prevosté de Paris, salut. Sçavoir faisons
que pardevant nous vint en Iugement Henry Luillier,
libraire, demourant à Paris, Iuré de l'Université de Paris, et

4.

afferma en bonne vérité par devant nous, que de nouvel ladite Université de Paris l'avait ordonné et institué un des
quatre principaux Libraires Iurez de ladite Université, pour
priser et taxer Livres en ladite Ville de Paris de l'authorité de
ladite Université de Paris. Et pour ce ledit Henry Luillier,
de son bon gré et bonne voulanté, sans contrainte ou
aucune decevance, de son propre mouvement et certaine
science, promit et iura en nostre présence, que bien iuste-
ment et loyaument tous les Livres qui monstrés luy seront, à
son pouvoir taxera et prisera, ledit office gardera, fera,
exercera bien et loyaument, sans fraude ne faveur, et à ladite Université obeïra, et l'ordonance de Libraire Iuré
gardera bien et loyaument sans enfraindre. Et à ce fut présens pardevant nous Robert l'Escuier, Libraire, et Raoul
d'Orliens[1], demourans à Paris, qui de leur bonne voulanté,
sans contrainte ou aucune decevance, à la priere et requeste
dudit Henry Luillier, s'establirent pleiges (*garants*) chacun
pour le tout, et s'obligerent envers ladite Université chacun
pour le tout iusques à la somme de cent livres Parisis que
ledit Henry fera et exercera bien, loyaument, sans fraude;
promettans lesdits Henry, Robert et Raoul d'Orliens, par leur
serment, et par la foy de leur corps pour ce donnée corporellement en nostre main, que contre les choses contenuës
en ces présentes ils n'iront, aller n'y venir feront par eux,
ne par autres ou (*au*) temps advenir au contraire; et rendront
et payeront tous cousts, dommages, despens, interests qui
faits seroient par leur défaut. Et pour tout ce que dit est enteriner et accomplir, les dessusdits nommés, et chacun d'eux
pour le tout, ont obligé et obligent eux, leurs hoirs (*héritiers*),
tous leurs biens, et les biens de leurs hoirs, meubles et
immeubles, présens et advenir quels qu'ils soient, lesquels
ils ont soumis quand à ce à la iurisdiction, execution et con-

1. Le même que Raoulet Dorleans, cité en 1368, page 45.

trainte de nous et de nos successeurs Prévosts de Paris, et à toutes autres Iustices et Iurisdictions, où ils seront et pourront estre trouvés, pour ces lettres accomplir; et mesmement ledit Henry son corps, pour se mettre et tenir prison fermée outre le guichet du Chastelet de Paris, et par tout ailleurs où il pourra estre trouvé, à ses cousts et despens; renonçant en ce fait lesdits obligés par leur foy et serment à tout ce que, tant de fait comme de droit, l'on pourroit dire et alleguer contre la teneur de ces lettres, et contre aucune des choses dessus-dites, et au droit disant generalle renonciation non valoir. En tesmoin de ce nous avons mis à ces Lettres le scel de ladite Prévosté l'an 1370[1], le lundy 10e iour de mars.

<hr />

XV

Investiture de l'office de Stationnaire et de Libraire donnée par le Recteur.

5 juin 1378.

[Actes concernans, etc., page 16; traduction.]

Guillaume Gorran, Recteur de l'Université de Paris, à tous ceux qui ces présentes lettres verront, salut en Notre-Seigneur. Sachez que par-devant nous a comparu en personne Étienne, dit Angevin, écrivain, demeurant à Paris, clerc du diocèse de Sens; lequel, voulant et désirant vivre sous la protection de notre mère l'Université, et exercer audit lieu l'office d'écrivain et de libraire, nous a humblement supplié de vouloir bien l'admettre à l'exercice dudit office. Après enquête préalable, comme il convenait, sur sa bonne réputation, sa vie honnête, son instruction et ses

---

1. L'année commençait autrefois à Pâques. Rectifiant d'après les usages modernes, on doit lire 1371.

connaissances littéraires suffisantes, après attestation d'une
caution valable, nous avons fait prêter audit Étienne les
serments relatifs à l'exercice de la profession d'écrivain et
de libraire qui sont d'usage dans ladite Université. Et, sur
notre requête, il s'est obligé envers nous sur tous ses biens
meubles et immeubles, sous la foi du serment. Il nous a
promis et certifié qu'il ne ferait subir aucun préjudice aux
maîtres et écoliers qui lui remettraient des livres pour les
vendre. C'est pourquoi nous voulons qu'il jouisse, par la
teneur des présentes, des franchises, libertés, privilèges et
immunités dont ont coutume de jouir les autres libraires et
écrivains exerçant le même office dans l'Université. Donné
sous le sceau rectoral, l'an du Seigneur 1378, le 5 Juin.

⸺◦⸺

XVI

ACTE DE CAUTION PASSÉ PAR-DEVANT LE PRÉVÔT DE PARIS

31 août 1378.

[Actes concernans, etc., p. 16.]

A tous ceux qui ces Lettres verront, Hugue Aubriot, Chevalier, Garde de la Prévosté de Paris, salut. Sçavoir faisons
que pardevant Estienne de Mirabel et Nicaise le Musnier,
Notaires du Roy nostre Sire au Chastelet de Paris, fut present Gaucher Beliart, Libraire, demourant à Paris, lequel
Gaucher afferma en bonne vérité, pardevant lesdits Notaires
comme en droit pardevant Nous que, comme le Recteur
apresent de l'Université de Paris le ait fait, créé et ordonné
Libraire pour ladite Université pour faire bien et loyaument,
sans aucune deception ou fraude, tout ce qui en tel cas est
accoustumé à faire et appartient et qu'un Libraire de ladite
Université peut et doit faire... Ce que iceluy Gaucher a
promis et iuré, et encore par la teneur de ces presentes

Lettres promet et iure par son serment, et par la foy de son corps pour ce baillée corporellement ès mains desdits Notaires comme en la nostre, de iceluy office de Libraire de ladite Université et toutes les appartenances d'iceluy office faire et exercer bien et loyaument sans y faire ou souffrir estre fait à son pouvoir aucune deception et fraude ou mauvaitié (*malice*) qui soit ou puisse estre ou (*au*) dommage, preiudice, lezion, ou villennie de ladite Université des Escholiers ou frequentans icelle; à et sur peine de 50 livres Parisis, qu'il engagea ès mains desdits Notaires comme en la nostre, et promit des maintenant pour lors et délors comme maintenant payer et rendre au Recteur de ladite Université qui est apresent, et qui sera pour le temps advenir ou au porteur de ces Lettres pour ladite Université, ou (*au*) cas que defaut y auroit de bien et loyaument exercer iceluy office comme dit est. A ce vint et fut present pardevant lesdits Notaires Giraut Iulien, Courtier de Vin, demeurant à Paris si comme (*ainsi que*) ils dit, lequel pleigea (*cautionna*) ledit Gaucher de toute loyauté, et à la premiere requeste d'iceluy Gaucher se constitua et constituë principal payeur de ladite somme de 50 livres Parisis ou (*au*) cas dessus-dit; promettent lesdits Michel et pleige par leurs sermens et par la foy de leurs corps, et chacun pourtant comme il luy touche, à avoir tenu et faire tout ce que dit est, et à non venir ne faire ou souffrir aller ou venir au contraire comment que ce soit, et rendre et payer tous cousts, despens, dommages et interests qui faits seroient par defaut de ce que dessus non accomply sur l'obligation de tous leurs biens, meubles et immeubles, presens et advenir qu'il en a sousmis quand à ce à Iustice et par toutes Iustices où ils seront trouvés, pour ces Lettres et leur contenu du tout enteriner et accomplir, renonçants en ce fait expressément lesdits Gaucher, pleige, par leurs dits serments et foy à toutes exceptions et autres choses quelconques, qui ayder et valoir leurs pourroient ou à l'un d'eux à venir et dire contre ces Lettres, ou l'execution ou effet d'icelles, et au droit disans général renontiation non valoir. En tesmoin de ce, Nous, à la relation desdits Notaires, avons mis à ces Lettres le scel de la Prévosté de Paris, l'an 1378, le Mardy dernier iour d'Aoust.

* * *

XVII

LETTRES PATENTES DU ROI CHARLES VI,
PORTANT INTERDICTION A TOUS AUTRES QUE LES LIBRAIRES JURÉS
DE VENDRE DES LIVRES.

Paris, 20 juin 1411.

[Actes concernans, etc., page 21.]

CHARLES, par la grâce de Dieu Roy de France, au Prévost de Paris, ou à son Lieutenant, salut. De la partie de nostre très-chere et très-amée Fille l'Université de Paris, Nous a été exposé en complaignant, que jaçoit que (*bien que*) par les Privilèges par nos Predecesseurs et Nous, à nostre dite Fille donnés et octroyés, et autrement duëment à icelle nostre Fille, et non à autre, compete (*est de sa compétence*) et appartient *de mettre et instituer tous les Libraires vendans et achetans livres, soient en François ou en Latin, en nostre dite Ville de Paris, et d'iceux Libraires recevoir le serment en tel cas accoustumé, et après ledit serment ainsi receu iceux Libraires ainsi jurés, examinés et approuvés, et non autres, peuvent achepter tous livres tant en François qu'en Latin et les vendre*, et sont tenus de les mettre avant, et porter par trois iours de feste en trois sermons publics de nostre dite Fille, afin que chacun les puisse voir et adviser, pour obvier à plusieurs inconveniens, qui y sont avenus ou (*au*) temps passé, et adviennent de iour en iour par le fait et coulpe (*faute*) de plusieurs mauvaises personnes, qui en plusieurs

Églises et autres lieux de nostre Royaume ou autre part, ont plusieurs fois autrement que duëment pris et emporté plusieurs livres, desquels les aucuns qui sont venus ès mains desdits Libraires Iurés, et par eux mis en vente publiquement par la fourme et manière dessus déclarée, ont esté trouvés et recouvrés par ceux qui perdu les avoient; et les malfaicteurs qui les avoient emblés (*enlevés*) ou induëment pris ont esté punis. Et les autres Livres qui par aventure ont esté vendus clandestinement, et ne sont point venus ès mains desdits Libraires Iurés, ont esté et sont perdus à ceux de qui ils estoient, et est en aventure que jamais ne viennent à leur connoissance. Pour lesquels et plusieurs autres inconveniens eschiver (*esquiver*, *éviter*), et que si autres personnes que lesdits Libraires Iurés avoient loy d'acheter Livres, et les revendre à leur plaisir, plusieurs en acheteroient, sans enquérir ne (*ni*) sçavoir de quel lieu ils viendroient, ne (*ni*) s'ils seroient bien ou mal pris et les revendroient clandestinement et en tapinage (*tapinois*), que jamais ne viendroient à la connoissance de ceux qui perdus les auroient, dont plusieurs grands inconveniens s'en pourroient ensuir (*s'ensuivre*), et si (*ainsi*) seroit contre le bien de la chose publique, *fut jà pieça* (depuis longtemps) *ordonné et advisé*, *que nuls autres que ceux qui par nostre dite Fille auroient esté et seroient examinés*, *approuvés et jurés par la manière que dit est*, *peussent ne deussent acheter Livres aucuns*, *fussent en François ou en Latin*, *pour les revendre*. Et, néantmoins il est venu à la connoissance de nostre dite Fille, que plusieurs personnes de ladite Ville de Paris ou d'ailleurs, non Iurés ne approuvés par icelle nostre dite Fille, ne connoissans ou (*au*) dit fait de Libraires, les aucuns Frippiers, les autres Ferrons, Merciers, Pelletiers, et aussi plusieurs jeunes Venderesses de plusieurs denrées, *en venants formellement contre lesdits Privilèges*, *et attentants folement contre iceux*, se sont efforcés et efforcent de iour en iour d'acheter et revendre plusieurs Livres tant en François qu'en Latin;

et de eux mesler dudit fait de Libraires, et iceux Livres
dont ils ont souventefois grand marché, pour ce que ceux
qui leurs vendent les peuvent avoir soustrais, emblés (*enlevés*)
ou induëment pris, comme il est advenu et advient souvent,
ils vendent clandestinement, sans les porter ne mettre à
vante esdits sermons, ne ès autres places et lieux publics et
ordonnés en nostre dite Ville de Paris, dont plusieurs personnes ont esté deçeus et grandement endommagés. Et
plusieurs grandes plaintes en sont venus à nostre dite Fille,
et lesdits Libraires Iurés en ont plusieurs fois esté mescreus
de avoir eu la connoissance (*n'ont pas été crus en prétendant
qu'ils n'avaient pas eu connaissance*) desdits Livres ainsi perdus et adirés (*égarés*), jaçoit ce qu'il n'en fut rien (*bien qu'il
n'en fût rien*). Lesquelles choses ont esté et sont faites contre raison, la fourme et teneur desdits Privilèges octroyés à
nostre dite Fille, et autrement en son tres grand prejudice
et dommage et de la chose publique, et seroient encore plus,
se (*si*) par nous n'y estoit pourveu de remede convenable,
si comme (*ainsi que*) nostre dite Fille dit requerant humblement iceluy. *Pource est-il que Nous, les choses dessus-dites
attenduës et considerées, voulant à nostre pouvoir observer et
garder les privileges, franchises et libertez par nosdits Predecesseurs* et Nous octroyés à nostre dite Fille et obvier aux
dessus-dits inconveniens et autres semblables, Vous mandons
et estroitement enjoingnons, *et pource que vous estes député
Conservateur de par nous desdits privileges, franchises et
libertez octroyez à nostre dite Fille et aux Supposts d'icelle*, et
si (*ainsi*) estes nostre plus prochain Iuge desdites parties,
commettons si mestier est, *que vous faites ou faites faire, tan-
tost et sans délai, inhibitions et deffenses de par nous publiquement et solennellement, par les lieux et places publiques de
nostre dite Ville de Paris, et par tout ailleurs où il appartiendra*, sur certaines et grosses peines à appliquer à Nous,
ausdits Frippiers, Merciers, Ferrons, Pelletiers, Vendeurs
et Venderesses de quelconques autres denrées, *et generale-*

ment à tous autres à qu'il appartiendra, et dont par nostre
Fille vous serez requis, que nul ne soit si osé ne si hardi,
que dudit fait de Libraire, *ne de vendre ne acheter pour*
revendre Livres aucuns, soient en François ou en Latin; ils
ne aucun d'eux se entremettent ou entremette aucunement
doresnavant, sur peine d'amende voluntaire à Nous, et de per-
dre lesdits Livres qui trouvez seront en leur puissance, se (si)
non premièrement et avant tout œuvre, ils ayent esté ou soient
duëment examinés et approuvés par nostre dite Fille l'Univer-
sité de Paris, et lurés à icelle, et que de ce faire ils ayent de
nostre dite Fille lettres de congé et licence; ne (*ni*) Vous
souffrés ces choses estre autrement faites, mais se (*si*)
aucuns sont trouvés faisans le contraire, corrigés les et
punissés selon l'exigence des cas, si (*ainsi*) et par telle
manière que ce soit exemple à tous autres. Car ainsi le voulons et Nous plaist être fait, et à nostre dite Fille l'avons
octroyé et octroyons de grace spécialle par ces presentes,
nonobstant quelconques lettres surrepticement impétrées ou
à impetrer au contraire. Mandons et commandons à tous
nos Iusticiers, Officiers et Sujets que à vous et à vos Commis
et deputés en ce faisans obïssent et entendent diligemment.
Donné à Paris, le 20ᵉ iour de iuin, l'an de grace 1411 et de
nostre regne le 31.

LISTE CHRONOLOGIQUE
DE LIBRAIRES ET STATIONNAIRES
DE PARIS
DU XIIIe AU XVe SIÈCLE

DATES.	NOMS DES LIBRAIRES OU STATIONNAIRES.	QUALITÉ PAR LAQUELLE ILS SONT DÉSIGNÉS.	DOMICILE.	PAGES OÙ ILS SONT CITÉS.
1270	Guillaume de Sens.	Stationnaire.		INTROD., p. XIX, n.1
1286 (Avant)	Nicolas Lombard [1].			»
XIIIᵉ siècle.	Herneis le roman- ceeur [2].		Devant Notre-Dame	»
1314, 1316, 1323, 1342	Thomas de Sens.	Libraire et sta- tionnaire.	Rue Saint-Jacques.	12, n. 2, 14, 25, 34
1316	Jacques de Troyes.	Libraire.		13
1316	Geoffroy du Bourg- Neuf [3].	Libraire.		13
1316	Guillaume de la Cour.	Libraire.	Rue Clos-Bruneau.	13, 28
1316	Étienne l'Irlandais.	Libraire.		13
1316	Raoul des Véneries.	Libraire.		13
1316, 1318, 1323	Thomas de Mau- beuge [4].	Libraire.	Rue Neuve-Notre- Dame.	13, 16, 24
1316	Robert de Migorne.	Libraire.		13

1. M. L. DELISLE (*Cabinet des Manuscrits de la Bibliothèque nationale*, t. II, p. 356) signale à la fin du ms. latin 398 une note relative à un marché que Gui de la Tour, évêque de Clermont de 1250 à 1286, fit avec un libraire de Paris ; cette note mentionne que l'évêque de Clermont acheta de maître *Nicolas Lombard*, vendeur de livres à Paris, la bible entière avec glose écrite de la même main.

2. Cité par M. L. DELISLE (*op. cit.*, t. I, p. 90, n. 1, *in fine*), qui mentionne une copie de la traduction française du Code, formant le n° 945 de la bibliothèque académique de Giessen et se terminant par ces mots : « Ce livre du Code est au duc de Nemours, comte de la Marche » ; c'est un manuscrit du XIIIᵉ siècle dont l'origine parisienne est indiquée dans les termes suivants : « Ici faut Code en romanz et toutes les lois del Code i sont. Explicit. *Herneis le romanceeur* le vendi, et qui voudra avoir untel livre, si viegne à lui, il en aidera bien à conseillier, et de toz autres, et si meint à Paris *devant Nostre-Dame.* »

3. Nous trouverons à la même date *Jean du Bourg-Neuf*, puis plus bas, après *Jean de Saint-Léger, Geoffroy de Saint-Léger* ; et dans la suite de ce tableau, on remarquera plusieurs noms qui se représentent avec des prénoms différents ; par conséquent l'office de libraire se perpétuait dans certaines familles par ligne descendante directe, ou s'exerçait à la même époque par les membres collatéraux d'une même famille.

4. « Le roi Jean acheta de *Thomas de Maubeuge*, demeurant à Paris, pour 14 florins d'or, un

DATES.	NOMS DES LIBRAIRES OU STATIONNAIRES.	QUALITÉ PAR LAQUELLE ILS SONT DÉSIGNÉS.	DOMICILE.	PAGES OÙ ILS SONT CITÉS.
1316	Colin Trenchemer.	Libraire.		13
1316	Jean d'Angleterre.	Libraire.		13
1316	Jean de Saint-Léger[1].	Libraire.		13
1316*[2], 1323	Thomas le Normand*.	Clerc, stationnaire, libraire		13, 16, 24, 25
1316	Jean du Bourg-Neuf[1].	Libraire.		14
1316	Jean de Garlande.	Libraire.	Rue de la Parcheminerie.	14, 25, 28
1316, 1323	Mathieu d'Arras.	Clerc, libraire.		14, 16, 28
1316	Raoul Labbé.	Libraire.		14
1316, 1323	Pierre dit Bonenfant.	Libraire.	Rue de Bièvre.	14, 25
1316*, 1323	Nicolas Peneler ou Petit-Clerc*.	Libraire.	Rue Saint-Jacques.	14, 25, 26
1316, 1323	Étienne Savage, ou Étienne dit Sauvage, anglais.	Libraire.	Rue Boutebrie.	14, 25
1316	Geoffroy le Bourguignon.	Libraire.		14
1316	Jacques de Troins. (Sa veuve exerçait en 1323.)	Libraire.		14, 24, 28
1316[3]	Michel des Viviers.	Libraire.		14
1316, 1323, 1332	Geoffroy de Saint-Léger.	Libraire.	Rue Neuve.	14, 24 INTROD., p.XXXVII, n. 1.

livre français de moralité sur la Bible. » (LÉOP. DELISLE, *op. cit.*, t. I, p. 15, n. 1.) — Thomas de Maubenge demeurait, en 1318, rue Neuve Notre-Dame (*Ibid.*, t. I, p. 15, n. 9 et t. III, p. 304).

1. Voir la note 3, page 59.

2. Le signe * désigne ceux des libraires et stationnaires qui ont été *grands libraires* de l'Université, et la date où ils étaient en fonctions. V. INTRODUCTION, page XXXVIII.

3. Les 22 libraires qui précèdent, avaient, à la date du 12 juin 1316, refusé de prêter le serment qu'exigeait l'Université ; et l'Université avait notifié leurs noms dans ses écoles pour que les maîtres et écoliers ne fissent aucun marché avec eux. Mais dès le 4 décembre 1316 (voir page 24) neuf d'entre eux, parmi lesquels étaient Jean de Garlande, Guillaume de la Cour et Jacques de Troins, avaient fait leur soumission ; et le document de 1323 (page 28) constate qu'un dixième, Mathieu d'Arras, avait accepté à cette époque les règlements de l'Université.

DATES.	NOMS DES LIBRAIRES OU STATIONNAIRES.	QUALITÉ PAR LAQUELLE ILS SONT DÉSIGNÉS.	DOMICILE.	PAGES OU ILS SONT CITÉS.
1316, 1323*	Jean le Breton, dit de Saint-Paul*.	Libraire.	Rue Neuve.	24, 26, 28, n. 2
1316, 1323	Geoffroy le Breton.	Libraire, notaire public.		24
1316, 1323	Guillaume le Grant.	Libraire.	Rue des Noyers.	25
1316*, 1323	Geoffroy le Lorrain*.	Libraire.	Rue Boutebrie.	25, 26
1323	Jean de Meillar ou de Meillac[1].	Clerc, libraire et stationnaire.		16, 28
1323	Ponce le Bossu de Noblans.	Clerc, libraire.		16, 28
1323*	Pierre de Péronne*, et son épouse Pétronille.	Stationnaires et libraires.		16, 28
1323*	Jean dit de Guyendale*, anglais.	Serviteur de l'Université, libraire.		28
1323	Nicolas d'Écosse.	Libraire.		28
1323	Raoul de Varèdes.	Libraire.		28
1323	Guillaume dit le Bâtonnier (cum baculo).	Libraire.		28
1323	Jean Pouchet.	Libraire.		28
1323	Gilles de Vivars.	Libraire.		28
1323*	Jean le Breton le Jeune*.	Libraire.		28
1323	Jean de Reims.	Libraire.		28
1323	Richard dit Challamanion ou Challamame[1].	Libraire.		28
1323	Nicolas d'Irlande[2].	Libraire.		28
1323	Geoffroy dit le Normant.	Libraire.		28

1. D'après les *Actes concernans, etc.*, p. 5.
2. Incorrectement *De Ybuna*, au lieu de *de Ybernia*, dans les *Actes concernans, etc.*, p. 5.

DATES.	NOMS DES LIBRAIRES OU STATIONNAIRES.	QUALITÉ PAR LAQUELLE ILS SONT DÉSIGNÉS.	DOMICILE.	PAGES OÙ ILS SONT CITÉS.
1323	Marguerite, veuve de Jacques de Troins.	Libraire.		28
1323	Thomas de Wymondl-kold, d'Angleterre.	Libraire.		28
1335, 1342	Jean Poniton ou de Ponton, anglais.	Clerc, libraire.		16, 34
1335, 1342	Jean le Prêtre dit Prestre-Jehen.	Libraire.		16, 34
1335, 1342	Nicolas Tirel ou Tuel[1].	Clerc, libraire.		16, 34
1338, 1342*	Jean Vachet*. (A servi de caution à Henri de Cornouailles ou de Corinvie en 1338.)	Libraire.	Rue des Noyers.	34, 35
1338, 1342	Richard dit de Mont-baston. (Mort avant 1353 ; voir à cette date sa veuve.)	Clerc, libraire et enlumi-neur.		17, 35
1338	Geoffroy de Buillane.	Libraire.		17
1338, 1342	Henri de Cornouailles ou de Corinvie[2].	Clerc, libraire.		17, 34
1338	Jean de Semer, an-glais.	Stationnaire et libraire.		17
1342	Henri de Neuham[3], anglais.	Libraire et sta-tionnaire.		17
1342	Yves dit le Breton.	Clerc, libraire.		17, 35
1342	Symon dit l'Escolier.	Libraire.		17, 35
1342	Mathieu Vavasseur ou le Vauvasseur. (Mort avant 1352 ; voir page 17, note 5.)	Libraire.	Rue Neuve-Notre-Dame.	17, 35

1. D'après les *Actes concernans, etc.*, p. 9.

2. On lit *Henricus de Corinvia* (au lieu de *de Cornubia*) dans les *Actes concernans, etc.*, où son acte de caution est reproduit page 6 ; il avait pour garant *Jean dit Vachet.*

3. Peut-être le même que *Henri de Nevanne* ou *Nenanne*, indiqué plus loin.

DATES.	NOMS DES LIBRAIRES OU STATIONNAIRES.	QUALITÉ PAR LAQUELLE ILS SONT DÉSIGNÉS.	DOMICILE.	PAGES OÙ ILS SONT CITÉS.
1342	Gilbert de Hollend, anglais.	Clerc, libraire.		17, 34
1342	Guillaume de Chevreuse.	Libraire.		17, 35
1342	Nicolas des Branches.	Libraire[1].		34
1342	Jean Petit ou Parvy, anglais.	Libraire.		34
1342	Guillaume d'Orléans. (Sa veuve exerçait en 1350)	Libraire.		34
1342	Robert Scot ou d'Écosse.	Libraire.		34
1342	Geoffroy le Cauchois.	Libraire.		34
1342	Henri de Nevanne ou Nenanne[2].	Libraire.		35
1342	Jean Le Grand.	Libraire.		35
1342	Conrard l'Allemand.	Libraire.		35
1342*	Jean de la Fontaine*.	Libraire.		35
1342	Thomas l'Anglais.	Libraire.		35
1342	Herbert ou Ebert dit De Martray.	Libraire.		35
1342*	Yves dit Greal*.	Libraire.		35
1342	Guillaume dit le Bourguignon.	Libraire.		35
1342	Jean dit le Normant.	Libraire.		35
1342	Michel de la Vacquerie.	Libraire.		35
1342	Guillaume Herbert.	Libraire.		35

1. Le document du 6 octobre 1342 ne spécifiant pas ceux qui étaient libraires et ceux qui étaient stationnaires, nous nous bornons à les qualifier tous du titre de *Libraire*.

2. D'après les *Actes concernans, etc.*, p. 9. — Peut-être le même que *Henri de Neuham* cité plus haut avec la qualification d'*anglais*.

DATES.	NOMS DES LIBRAIRES OU STATIONNAIRES.	QUALITÉ PAR LAQUELLE ILS SONT DÉSIGNÉS.	DOMICILE.	PAGES OÙ ILS SONT CITÉS.
1342*	Alain le Breton*.	Principal serviteur de la Faculté de Droit, désigné en 1342 comme l'un des 4 principaux libraires.		35
1343	Jacques Blanchet.	Libraire.		17
1343	Guillaume dit de Ponton.	Libraire.		17
1350	Henri de Lechelade, anglais.	Stationnaire et libraire.		37
1350	Henri le Franc, de Venne, anglais. (Garant du précédent.)	Libraire.		37
1350	Guidomare de Cuomeneuc ou Crommenouck.	Clerc, libraire.		38
1350, 1368	Agnès, veuve de Guillaume d'Orléans, ou Agnès Dorléans.	Libraire.		38, 44
1350, 1351	Nicolas de Zélande, dit Martel, et Marguerite, son épouse.	Libraires et stationnaires.	Rue Saint-Jacques.	38, 48, 49
1350	Jean dit Persenal ou Perseval.	Stationnaire et libraire.		38
1350	Christophe de Ravenel.	Stationnaire et libraire.		38
1351	Roger Marcote.	Libraire.		38
1351, 1353	Henri Guillot.	Clerc, libraire.		39
1353, 1368	Jean de Beauvais.	Libraire et parcheminier.		39, 44 et n. 1
1353	Jeanne, veuve de Richard de Montbaston.	Enlumineuse, libraire.		39
1354	Daniel de Loctey.	Libraire.		39
1364, 1368	Jean Lavenant.	Libraire et copiste (station.)		44 et n. 4

DATES	NOMS DES LIBRAIRES OU STATIONNAIRES.	QUALITÉ PAR LAQUELLE ILS SONT DÉSIGNÉS.	DOMICILE.	PAGES OU ILS SONT CITÉS.
1367, 1368	Etienne de Fontaines.	Stationnaire et libraire.		39, 45
1368	Maistre Foucault de Dole.	Libraire.		44
1368	Jean de la Porte.	Libraire.		44
1368	Roland Gautier.	Libraire.		44
1368, 1371* 1373	Henry Luillier*	Libraire, peut-être stationnaire, l'un des quatre principaux libraires en 1371.	Rue Neuve-Notre-Dame, à l'Écu de France.	39, 44 et n. 2, 50
1368	Etienne Ernoul.	Libraire.		44
1368	Guillaume Lescouvet.	Libraire.		44
1368	Denys Benart.	Libraire.		44
1368	Philippot de Troyes.	Libraire.		44
1368	Jean Chastaigne.	Libraire.		44
1368	Antoine de Compiègne.	Libraire.		44
1368	Guillaume Le Conte.	Libraire.		44
1368, 1378 1394 à 1398	Thevenin Langevin ou Etienne dit Angevin.	Stationnaire (écrivain) et libraire.		40, 45 et n. 1, 52
1368, 1371, 1396	Raoulet Dorléans ou D'Orliens.	Stationnaire (écrivain).		45 et n. 3, et 51
1368	Jean Le Bourguignon.	Stationnaire (écrivain).		45
1368	Perrin Cartain.	Stationnaire (écrivain).		45
1368	Colin de Moncornet.	Stationnaire (écrivain).		45
1368	Robert Langlois.	Stationnaire (écrivain).		45
1368, 1372	Lyvon du Ru ou Yvon de Run ou Drun et Marion, son épouse.	Stationnaire (écrivain) et libraire.		39, 45

5

DATES.	NOMS DES LIBRAIRES OU STATIONNAIRES.	QUALITÉ PAR LAQUELLE ILS SONT DÉSIGNÉS.	DOMICILE.	PAGES OÙ ILS SONT CITÉS.
1368	Adam Langlois.	Stationnaire (*écrivain*).		45
1368	Robert Vernier.	Stationnaire (*écrivain*).		45
1368	Pierre des Ventes.	Stationnaire (*écrivain*).		45
1371, 1389*	Robert l'Escuier* ou Lescuyer.	Libraire, l'un des quatre grands libraires en 1389 en remplacement de Tibault Tiessart ; enlumineur en 1368.	Rue Neuve Notre-Dame.	39, 46, 51
1372	Jean Garrel dit de Chartres.	Libraire.	A Saint-Denis, en France.	40
1373	Jean Valens de Verdun.	Libraire.		40
1374	Henri l'Anglais '.	Stationnaire.		»
1375, 1387	Jean Posteh ou Postel.	Clerc, libraire.		40
1376*	Pierre de la Porte*.	Clerc, notaire apostolique et impérial, libraire et stationnaire, l'un des quatre grands libraires en 1376.	Grande rue Saint-Jacques.	40
1377	Yvon de Kaerloquet ou de Cahersaous.	Libraire.		40
1377*	Guidomare de Sienne*.	Stationnaire, l'un des quatre grands libraires.	Rue des Noyers.	40

1. Cité par M. Léop. Delisle (*op. cit.*, t. II, p. 178), qui signale un livre acheté par la bibliothèque de la Sorbonne, en 1374, de *Henri l'Anglais*, stationnaire. Nous avons bien trouvé en 1342 Henri de Neuham, dit l'Anglais ; mais, vu les 32 années qui séparent les deux dates, nous n'osons lui assimiler Henri l'Anglais, signalé en 1374.

5.

DATES.	NOMS DES LIBRAIRES OU STATIONNAIRES.	QUALITÉ PAR LAQUELLE ILS SONT DÉSIGNÉS.	DOMICILE.	PAGES OÙ ILS SONT CITÉS.
1378	Martin Luillier (neveu d'Henri Luillier).	Libraire, parcheminier.		40
1378	Jean dit Cornete.	Clerc, stationnaire (*écrivain de livres*) et libraire.		40
1378, 1380	Gaucher Beliart.	Libraire.		40, 53
1379	Jean Le Beloys.	Clerc, libraire.		41
1380, 1384*	Guillaume Guennon ou Guinon*.	Clerc, libraire, l'un des quatre grands libraires en 1384.		41
1380	Jean de Gauchy.	Libraire.	A la Porte Saint-Denis, près des Filles-Dieu.	41
1380	Jean Cauchon.	Libraire, enlumineur.	Rue de la Parcheminerie.	41
1384, 1416[1] 1418*	Olivier de l'Empire*.	Libraire, l'un des quatre grands libraires en 1418.		INTROD., p. XXXIX, n. 3; 41
1385	Jean de Saint-Loup.	Clerc, libraire.	A l'enseigne du Cheval rouge.	41
1386	Jean Le Moine.	Clerc, libraire et parcheminier.		41
1387	Pierre de Villiers.	Libraire.		41
1387	Etienne Baudin.	Libraire.		41
1387	Jean Daniel dit Pitart.	Libraire.		41
1387	Robert Milet, Milot ou Miot.	Libraire.		41
1387	Jacques Richier.	Libraire.		41
1387, 1391	Jacques Du Gué.	Libraire et stationnaire.		14

1. « Les exécuteurs testamentaires du duc [de Berry] firent porter à Paris, dans l'hôtel du comte d'Armagnac, et priser par des jurés tous les livres qui s'étaient trouvés dans les résidences du duc à Bourges, à Mehun et à Paris. Ces livres furent estimés en août 1416 par *Renaud du Montet, Denisot Courtillier, Olivier de l'Empire* et *Jean Merles*. » LÉOP. DELISLE, *Cabinet des Manuscrits de la Bibliothèque nationale*, t. I, p. 64.

DATES	NOMS DES LIBRAIRES OU STATIONNAIRES.	QUALITÉ PAR LAQUELLE ILS SONT DÉSIGNÉS.	DOMICILE.	PAGES OÙ ILS SONT CITÉS.
1387	Robert Jacquin.	Libraire, sta- tionnaire, pa- petier.		41
1387	Pierre Damedieu ou Donnedieu.	Libraire.		41
1387	Guillaume de Champ- Divers.	Libraire.		41
1387	Guillaume Moustar- dier.	Libraire.		41
1388	Simon Millon.	*Vrai* libraire et relieur de livres.		41
1389	Tibault Tiessart*.	Libraire, l'un des quatre principaux libraires, pré- décesseur de *Robert l'Es- cuier* dans cette charge. (Voir à 1371).		39
1389	Jean Fourre.	Libraire, sta- tionnaire et papetier.		42
1391	Charles Garineau.	Libraire.		42
1391	Colin Gondran.	Clerc, libraire.		42
1393*	Guymart le Viel, dit Senil*.	Libraire, suc- cesseur dans la charge d'un des quatre principaux li- braires.		42
1394	Henri du Trevou'.	Copiste (*sta- tionnaire*) et libraire.		45, n. 5
1394	Jean Pennier.	Clerc, libraire.		42
1404, 1405, 1409, 1410, 1412, 1413, 1416, 1418*	Regnault ou Renaud[2] du Montet*.	Libraire, l'un des quatre principaux li- braires en 1418		INTROD., p. XXXIX, n. 3; 67, n. 1

1. Voir aussi *Cabinet des Manuscrits de la Bibliothèque nationale* par Léop. DELISLE, t. III, p. 140, note 1, et page 328.

2. Voir aussi la note de la page 67. Regnault ou Renaud du Montet est cité par M. Léop. DE-

DATES.	NOMS DES LIBRAIRES OU STATIONNAIRES.	QUALITÉ PAR LAQUELLE ILS SONT DÉSIGNÉS.	DOMICILE.	PAGES OÙ ILS SONT CITÉS.
1408*,1418*	Michel Du Riez ou Du Ris.	Libraire, l'un des quatre libraires principaux, maître ès arts, licencié en droit et bachelier en décret.		INTROD., p. XXXIX, n. 2 et 3 : 42
1409	Pierre Linfol [1].	Libraire.		»
1416, 1424,	Denisot ou Denis Courtillier [2].	Libraire.		»
1418*, 1424	Jean Marlees* ou Merles [3].	Libraire, l'un des quatre li-braires prin-cipaux en 1418		INTROD., p. XXXIX, n. 3
1418*	Geoffroy Doué*.	Libraire, su-brogé à *Re-gnault du Montet* ab-sent, dans les fonctions de l'un des qua-tre princi-paux librai-res.		INTROD., p. XX n. 3
1424	Jean de Sautigny [4].	Libraire.		»
1425	Jean Hémon [5].	Libraire.		»
1448	Jean Le Roy.	Libraire (du nombre des 24).		42

LISLE (*op. cit.*, t. I, p. 61 et 64, n. 26 ; t. III, p. 174, 177, 180, 181, 183, 184, 187, 188 et 192), comme ayant exercé pendant les années 1404, 1405, 1409, 1410, 1412 et 1413.

1. Cité en note, page XVII du Liminaire de la *Bibliothèque protypographique* par J. BARROIS.

2. Voir la note 1, page 67, et la note 4 ci-dessous.

3. Voir la note 1, page 67, et la note 4 ci-dessous.

4. Jean de Sautigny est cité par M. LÉOP. DELISLE, *op. cit.*, t. 1, p. 51-52, comme ayant estimé la librairie (*bibliothèque*) du Louvre en 1424, avec *Jean Merles* et *Denis Courtillier*.

5. Cité par M. LÉOP. DELISLE, *op. cit.*, t. II, p. 219. A la fin d'un livre, contenant postilles sur le psautier, sur la Genèse et sur l'Évangile Saint Mathieu, appartenant à M. Pierre de Brenne, M. Léop. Delisle a relevé la mention suivante : « Moi, Jean Hémon, d'Angers, libraire parisien, j'ai vendu ce livre à vénérable personne, Maître Pierre de Brenne, chantre de Langres, le 21 mars 1425 : je promets d'en donner garantie ; en témoignage de quoi j'appose de ma propre main ma signature, les jour et an que dessus. »

DATES.	NOMS DES LIBRAIRES OU STATIONNAIRES.	QUALITÉ PAR LAQUELLE ILS SONT DÉSIGNÉS.	DOMICILE.	PAGES OU ILS SONT CITÉS.
1448	Denis Tronchart.	Libraire (du nombre des 24).		42
1448	Jean Pocquet Laisné.	Libraire (du nombre des 24).		42
1456	Martin Guignon [1].	Libraire.		42

1. Cité dans un document des *Actes concernans, etc.*, page 25, à la date du 19 juin 1456.

LISTE ALPHABÉTIQUE

DES LIBRAIRES ET DÉS STATIONNAIRES

CITÉS DANS CETTE ÉTUDE

A

ALLEMAND (l'), Conrard, 35.

ANGEVIN, Étienne. — V. LANGEVIN, Thevenin.

ANGLAIS (l'), dit SAUVAGE, Étienne, 25.

ANGLAIS (l'), Henri, 66.

— Thomas, 35.

ANGLETERRE (d'), Jean, 13.

ARRAS (d'), Mathieu, 14; 16; 28.

B

BATONNIER (le), Guillaume, 28.

BAUDIN, Étienne, 41.

BEAUVAIS (de), Jean, 39; 44, n. 1.

BELIART, Gaucher, 40; 53.

BELOYS (le), Jean, 41.

BENART, Denys, 44.

BLANCHET, Jacques, 17.

BONENFANT, Pierre, 14; 25.

BOSSU DE NOBLANS (le), Ponce, 16; 28.

BOURG-NEUF (du), Geoffroy, 13.

— Jean, 14.

BOURGUIGNON (le), Geoffroy, 14.

— Guillaume, 35.

— Jean, 45

BRANCHES (des), Nicolas, 34.

BRETON (le), Alain, 35.

— Jean, dit de Saint-Paul, 24; 26; 28, n. 2.

— Jean, le Jeune, 28.

— Geoffroy, 24.

— Yves, 17; 35.

BUILLANE (de), Geoffroy, 17.

C

CAHERSAOUS (de), Yvon, 66.

CARTAIN, Perrin, 45.

CAUCHOIS (le), Geoffroy, 34.

CAUCHON, Jean, 41.

CHALLAMANION ou CHALLAMAME, Richard dit, 28.

CHAMP-DIVERS (de), Guillaume, 41.

CHASTAIGNE, Jean, 44.

CHEVREUSE (de), Guillaume, 17; 35.

COMPIÈGNE (de), Antoine, 44.

CONTE (le), Guillaume, 44.

CORINVIE (de). — V. CORNOUAILLES (de).

CORNETE, Jean, 40.

CORNOUAILLES ou CORINVIE (de), Henri, 17; 34.

COUR (de la), Guillaume, 13; 25.

COURTILLIER (Denisot ou Denis), 69.

CUOMENEUC (de), Guidomare, 38.

D

(Pour tous les noms commençant par D', De, De la, Des, Du, voir à l'initiale du nom principal.)

DAMEDIEU ou DONNEDIEU, Pierre, 41.

DANIEL, Jean, dit Pitart, 41.

DOLE (de). — V. FOUCAULT.

DONNEDIEU. — V. DAMEDIEU.

DORLÉANS ou d'ORLIENS, Raoulet, 45; 51 et n. 1.

DORLÉANS. — V. ORLÉANS (d').

DOUÉ, Geoffroy, INTROD., XXXIX, n. 3.

DRUN, Yvon, 39; 45.

E

Ecosse (d'), Nicolas, 28.
—   Robert, 34.
Empire (de l'), Olivier, Intr., xxxix,
   n. 3; 41.

Ernoul, Étienne, 44.
Escolier (l'). Simon, 17; 35.
Escuier (l'), Robert. — V. Lescuyer.

F

Fontaine (de la), Jean, 35,
Fontaines (de), Étienne, 39; 45.
Foucault de Dole, 44.

Fourre, Jean, 42.
Franc (le), Henri, 37.

G

Garineau, Charles, 42.
Garlande (de), Jean, 14; 25; 28.
Garrel (dit de Chartres), Jean, 40.
Gauchy (de), Jean, 40, 41.
Gautier, Roland, 44.
Gondran, Colin, 42.
Grand (le), Jean, 35.
Grant (le), Guillaume, 25.

Gréal, Yves, 35.
Gué (du), Jacques, 41.
Guennon ou Guinon. Guillaume, 41.
Guignon, Martin, 42.
Guillot, Henri, 39.
Guinon. — V. Guennon.
Guyendale (de), Jean, 28.

H

Hémon, Jean, 69.
Herbert, Guillaume, 35.

Herneis le Romanceeur, 59.
Hollend (de), Gilbert, 17; 35.

I

Irlandais (l'), Etienne, 13.

Irlande (d'), Nicolas, 28.

J

Jacquin, Robert, 41.

K

Kaerloquet (de), Yvon, 40.

L

(Les noms précédés de L', Le ou La, isolés, sont reportés à l'initiale
du nom principal.)

Labbé, Raoul, 14.
Langevin, Thévenin, ou Étienne dit An-
   gevin, 40; 45, n. 1; 52.
Langlois, Adam, 45.
—   Robert, 45.
Lavenant, Jean, 44.
Lechelade (de), Henri, 37.
Leconte, Guillaume, 44.

Lescouvet. Guillaume, 44.
Lescuyer, Robert, 39; 46; 51.
Linfol, Pierre, 69.
Loctey (de). Daniel, 39.
Lombard, Nicolas, 59.
Lorrain (le), Geoffroy. 25; 26.
Luillier, Henry, 39; 44, n. 2; 50.
—   Martin, 40.

M

MARCOTE, Roger, 38.
MARLEES ou MERLES, Jean, INTR.,
   XXXIX, n. 3.
MARTRAY (de), Herbert ou Ébert, 35.
MAUBEUGE (de), Thomas, 13; 16; 24.
MEILLAR ou MEILLAC (de), Jean, 16; 28.
MERLES. — V. MARLEES.
MIGORNE (de), Robert, 15.
MILET, MILOT ou MIOT, Robert, 41.
MILLON, Simon, 41.

MIOT. — V. MILET.
MOINE (le), Jean, 41.
MONTBASTON (de), Richard, 17; 35.
   —   Jeanne, veuve de Ri-
          chard, 39.
MONTCORNET (de), Colin, 45.
MONTET (du), Regnault ou Renaud,
   INTR., XXXIX, n. 3.
MOUSTARDIER, Guillaume, 41.

N

NENANNE (de), Henri, 63.
NEUHAM (de), Henri, 17.
NEVANNE (de), Henri, 35.

NORMAND (le), Thomas, 13; 16; 24; 25.
NORMANT (le), Geoffroy, 28.
   —   Jean, 35.

O

ORLÉANS (d'), Guillaume, 34.
   —   Agnès, veuve de Guil-
       laume, 38; 44.

ORLIENS (d'). — V. DORLÉANS, Raoulet.

P

PARVY. — V. PETIT.
PENELER ou PETIT-CLERC, Nicolas, 14;
   25; 26.
PENNIER, Jean, 42.
PÉRONNE (de), Pierre, 16; 28.
   —   Pétronille, 16; 28.
PERSENAL ou PERSEVAL, Jean, 38.
PETIT ou PARVY, 34.
PETIT-CLERC. — V. PENELER.

PITART. — V. DANIEL.
POCQUET LAISNÉ, Jean, 42.
PONITON ou PONTON (de), Jean, 16; 34.
PONTON (de), Guillaume, 17.
PORTE (de la), Jean, 44.
   —   Pierre, 40.
POSTEH ou POSTEL, Jean, 40.
POUCHET, Jean, 28.
PRÊTRE (le), dit PRESTRE-JEHEN, Jean,
   16; 34.

R

RAVENEL (de), Christophe, 38.
REIMS (de), Jean, 28.
RICHIER, Jacques, 41.
RIEZ (du) ou RIS (du), Michel, INTR.,
   XXXIX, n. 2 et 3; 41.

ROY (le), Jean, 42.
RU (du), Lyvon,
RUN (de), Yvon et Marion, } 39; 45.

S

SAINT-LÉGER (de), Jean, 13.
   —   Geoffroy, 12, n. 2; 14;
       24; 34.
SAINT-LOUP (de), Jean, 41.
SAUTIGNY (de), Jean, 69.
SAVAGE ou SAUVAGE, Étienne, 14; 25.

SCOT, Robert, 34.
SEMER (de), Jean, 17.
SENIL. — V. VIEL (le).
SENS (de), Guillaume, INTR., XIX, n. 1.
   —   Thomas, 12, n. 2; 14; 25; 34.
SIENNE (de), Guidomare, 40.

T

TIESSART, Tibault, 39.
TIREL ou TUEL, Nicolas, 16; 34.
TRENCHEMER, Colin, 13.
TREVOU (du), Henri, 45, n. 5.
TROINS (de), Jacques, 14; 24; 28.

TROINS, **Marguerite**, vᵛᵉ de Jacques (de) 28.
TRONCHART, Denis, 42.
TROYES (de), Jacques, 13.
—   Philippot, 44.
TUEL. — V. TIREL.

V

VACHET, Jean, 34; 35.
VACQUERIE (de la), Michel, 35.
VALENS DE VERDUN, Jean, 40.
VARÉDES (de), Raoul, 28.
VAVASSEUR ou VAUVASSEUR (le), Mathieu, 17; 35.
VÉNERIES (des), Raoul, 13.

VENTES (des), Pierre, 45.
VERNIER, Robert, 45.
VIEL (le), Guymart, dit SENIL, 42.
VILLIERS (de), Pierre, 41.
VIVARS (de), Gilles, 28.
VIVIERS (des), Michel, 14.

W

WYMONDLKOLD (de), Thomas, 28.

Z

ZÉLANDE (de), Nicolas et Marguerite, 38; 48; 49.

TABLE DES MATIÈRES

TRADUCTION EN FRANCAIS
DES DOCUMENTS TIRÉS
DU CARTULAIRE DE L'UNIVERSITÉ DE PARIS
(Tomes I et II).

APPENDICE
DOCUMENTS TIRÉS
DU RECUEIL DES PRIVILÉGES DE L'UNIVERSITÉ DE PARIS
ET DES
ACTES CONCERNANS LE POUVOIR ET LA DIRECTION
DE L'UNIVERSITÉ DE PARIS SUR LES LIBRAIRES, etc.

Paris. — Imprimerie Delalain frères, 1 et 3, rue de la Sorbonne.

www.ingramcontent.com/pod-product-compliance
Ingram Content Group UK Ltd.
Pitfield, Milton Keynes, MK11 3LW, UK
UKHW042156280225
455719UK00001B/366